KB187416

원포인트

# 중급 중국어문법

서 희 명

제이앤씨
Publishing Company

# 머리말

**원포인트 중급 중국어문법은**

중국어 기본문형을 한눈에 쉽게 이해할 수 있도록, 짧은 단문으로 구성된 예문을 표로 만들어 어느 페이지를 펼쳐도 부담 없이 중국어 기본문형을 학습할 수 있도록 하였다.

또한 중국어 기본문형에 대한 간단명료한 설명과 함께 다양한 예문을 실어 중국어 기본문형을 문장을 통해 다시 한 번 확인할 수 있도록 하는 한편 각 예문 밑에 한어병음을 병기하여 학습자들이 시간과 장소에 구애 받지 않고 중국어 문법과 회화를 동시에 학습할 수 있도록 하였다.

**원포인트 중급 중국어문법의 구성과 특징**

이 책은 총 12과로 구성되어 있으며, 각 과의 체제는 본문, 확인학습, 연습문제 등 세 부분으로 이루어져 있다. 또한 부록에는 연습문제의 답안을 실어두었다.

이 책은 다음과 같은 특징을 지니고 있다.

첫째, 학습자들이 지루하고 딱딱한 느낌을 갖지 않고 부담 없이 학습할 수 있도록 본문에 짤막하고 이해하기 쉬운 예문을 실어두었다.

둘째, 학습자들이 시간과 장소에 구애 받지 않고 학습할 수 있도록 각 예문 밑에 한어병음을 병기하는 한편 해석을 실어두었다.

셋째, 각 과마다 확인학습문제와 연습문제를 실어두어 본문의 내용을 다시 한 번 점검하면서 복습할 수 있도록 하였다.

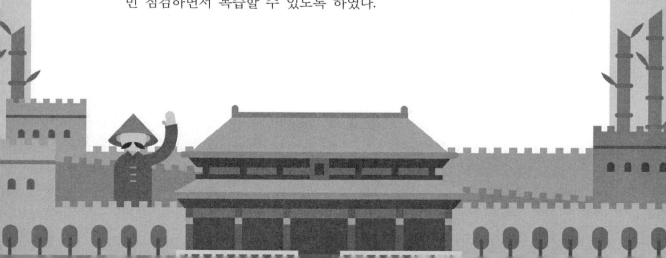

이 책은 이론적인 특징과 실재적인 특징을 두루 갖추고 있어, 중국어 기본문형에 대한 이해를 통해 작문 및 회화 실력 향상과 어휘력 증진은 물론 어느 정도 중국어에 대한 기초가 있는 학습자에게는 독학의 교재로도 충분하리라 생각된다.

마지막으로 이 책을 출판할 수 있도록 도와주신 제이앤씨 출판사 윤석현 사장님과 편집부 식구들께도 감사의 마음을 전한다.

2019년 12월
저자

# 목 차

머리말 / 3

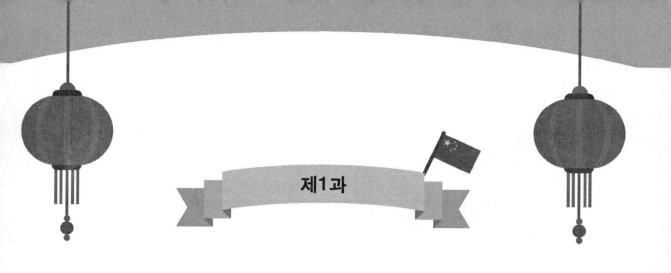

제1과

# 동작의 경험형

원포인트

'~한 적이 있다'는 동작의 경험을 나타내고자 할 경우, 동사 뒤에 동태조사 '过'를 붙인다.

## (1) 긍정형

➡ 기본 어순은 '주어+동사+过(+목적어)'이다.

| 주어 | 동사 | 过 | (목적어) | 해석 |
|------|------|-----|----------|------|
| 我<br>Wǒ | 去<br>qù | 过<br>guo | 中国<br>Zhōngguó | 나는 중국에<br>가본 적이 있다. |
| 我<br>Wǒ | 学<br>xué | 过<br>guo | 汉语<br>hànyǔ | 나는 중국어를<br>배운 적이 있다. |
| 他<br>Tā | 听<br>tīng | 过<br>guo | 中国歌儿<br>Zhōngguógēr | 그는 중국노래를<br>들어본 적이 있다. |
| 他<br>Tā | 吃<br>chī | 过<br>guo | 烤鸭<br>kǎoyā | 그는 오리구이를<br>먹어본 적이 있다. |
| 她<br>Tā | 看<br>kàn | 过<br>guo | 那部电影<br>nà bù diànyǐng | 그녀는 그 영화를<br>본 적이 있다. |
| 她<br>Tā | 来<br>lái | 过<br>guo | 这儿<br>zhèr | 그녀는 이곳에<br>와본 적이 있다. |

## 확인학습 1

》》 **다음 문장을 중국어로 옮기시오.**

**1.** 나는 중국에 가본 적이 있다.

　　》》 _____

**2.** 나는 중국어를 배운 적이 있다.

　　》》 _____

**3.** 그는 중국노래를 들어본 적이 있다.

　　》》 _____

**4.** 그는 오리구이를 먹어본 적이 있다.

　　》》 _____

**5.** 그녀는 그 영화를 본 적이 있다.

　　》》 _____

**6.** 그녀는 이곳에 와본 적이 있다.

　　》》 _____

**7.** 그는 한자를 써본 적이 있다.

　　》》 _____

**8.** 그는 탁구를 쳐본 적이 있다.

　　》》 _____

**9.** 그녀는 술을 마셔본 적이 있다.

　　》》 _____

**10.** 그는 유화를 그려본 적이 있다.

　　》》 _____

## (2) 부정형

➡️ 동사 앞에 '没(有)'를 붙인다.

| 주어 | 没(有) | 동사 | 过 | 목적어 | 해석 |
|---|---|---|---|---|---|
| 我<br>Wǒ | 没(有)<br>méi(yǒu) | 去<br>qù | 过<br>guo | 中国<br>Zhōngguó | 나는 중국에<br>가본 적이 없다. |
| 我<br>Wǒ | 没(有)<br>méi(yǒu) | 学<br>xué | 过<br>guo | 汉语<br>hànyǔ | 나는 중국어를<br>배운 적이 없다. |
| 他<br>Tā | 没(有)<br>méi(yǒu) | 听<br>tīng | 过<br>guo | 中国歌儿<br>Zhōngguógēr | 그는 중국노래를<br>들어본 적이 없다. |
| 他<br>Tā | 没(有)<br>méi(yǒu) | 吃<br>chī | 过<br>guo | 烤鸭<br>kǎoyā | 그는 오리구이를<br>먹어본 적이 없다. |
| 她<br>Tā | 没(有)<br>méi(yǒu) | 看<br>kàn | 过<br>guo | 那部电影<br>nà bù diànyǐng | 그녀는 그 영화를<br>본 적이 없다. |
| 她<br>Tā | 没(有)<br>méi(yǒu) | 来<br>lái | 过<br>guo | 这儿<br>zhèr | 그녀는 이곳에<br>와본 적이 없다. |

## 확인학습 2

≫≫ 다음 문장을 중국어로 옮기시오.

1. 나는 중국에 가본 적이 없다.

　≫ _____

2. 나는 중국어를 배운 적이 없다.

　≫ _____

3. 그는 중국노래를 들어본 적이 없다.

　≫ _____

4. 그는 오리구이를 먹어본 적이 없다.

　≫ _____

5. 그녀는 그 영화를 본 적이 없다.

　≫ _____

6. 그녀는 이곳에 와본 적이 없다.

　≫ _____

7. 그는 한자를 써본 적이 없다.

　≫ _____

8. 그는 탁구를 쳐본 적이 없다.

　≫ _____

9. 그녀는 술을 마셔본 적이 없다.

　≫ _____

10. 그는 유화를 그려본 적이 없다.

　≫ _____

## (3) 의문문

### 1) 평서문 끝에 '吗'를 붙여서 의문문을 만들 수 있다.

| 주어 | 동사 | 过 | 목적어 | 吗 | 해석 |
|------|------|------|--------|------|------|
| 你<br>Nǐ | 去<br>qù | 过<br>guo | 中国<br>Zhōngguó | 吗<br>ma | 당신은 중국에<br>가본 적이 있습니까? |
| 你<br>Nǐ | 学<br>xué | 过<br>guo | 汉语<br>hànyǔ | 吗<br>ma | 당신은 중국어를<br>배운 적이 있습니까? |
| 你<br>Nǐ | 听<br>tīng | 过<br>guo | 中国歌儿<br>Zhōngguógēr | 吗<br>ma | 당신은 중국노래를<br>들어 본 적이 있습니까? |
| 你<br>Nǐ | 吃<br>chī | 过<br>guo | 烤鸭<br>kǎoyā | 吗<br>ma | 당신은 오리구이를<br>먹어 본 적이 있습니까? |
| 你<br>Nǐ | 看<br>kàn | 过<br>guo | 那部电影<br>nà bù diànyǐng | 吗<br>ma | 당신은 그 영화를<br>본 적이 있습니까? |
| 你<br>Nǐ | 来<br>lái | 过<br>guo | 这儿<br>zhèr | 吗<br>ma | 당신은 이곳에<br>와본 적이 있습니까? |

**2) 평서문 끝에 '没有'를 붙여서 의문문을 만들 수도 있다.**

| 주어 | 동사 | 过 | 목적어 | 没有 | 해석 |
|---|---|---|---|---|---|
| 你<br>Nǐ | 去<br>qù | 过<br>guo | 中国<br>Zhōngguó | 没有<br>méiyǒu | 당신은 중국에<br>가본 적이 있습니까? |
| 你<br>Nǐ | 学<br>xué | 过<br>guo | 汉语<br>hànyǔ | 没有<br>méiyǒu | 당신은 중국어를<br>배운 적이 있습니까? |
| 你<br>Nǐ | 听<br>tīng | 过<br>guo | 中国歌儿<br>Zhōngguógēr | 没有<br>méiyǒu | 당신은 중국노래를<br>들어본 적이 있습니까? |
| 你<br>Nǐ | 吃<br>chī | 过<br>guo | 烤鸭<br>kǎoyā | 没有<br>méiyǒu | 당신은 오리구이를<br>먹어본 적이 있습니까? |
| 你<br>Nǐ | 看<br>kàn | 过<br>guo | 那部电影<br>nà bù diànyǐng | 没有<br>méiyǒu | 당신은 그 영화를<br>본 적이 있습니까? |
| 你<br>Nǐ | 来<br>lái | 过<br>guo | 这儿<br>zhèr | 没有<br>méiyǒu | 당신은 이곳에<br>와본 적이 있습니까? |

## 확인학습 3

>>> **다음 문장을 중국어로 옮기시오.**

1. 당신은 중국에 가본 적이 있습니까?

   >> _____

2. 당신은 중국어를 배운 적이 있습니까?

   >> _____

3. 당신은 중국노래를 들어본 적이 있습니까?

   >> _____

4. 당신은 오리구이를 먹어본 적이 있습니까?

   >> _____

5. 당신은 그 영화를 본 적이 있습니까?

   >> _____

6. 당신은 이곳에 와본 적이 있습니까?

   >> _____

7. 당신은 한자를 써본 적이 있습니까?

   >> _____

8. 당신은 탁구를 쳐본 적이 있습니까?

   >> _____

9. 당신은 술을 마셔본 적이 있습니까?

   >> _____

10. 당신은 유화를 그려본 적이 있습니까?

   >> _____

3) '동사(+过)+没(有)+동사+过+목적어'의 형태로 정반의문문을 만들 수도 있다.

| 주어 | 동사 | (过) | 没(有) | 동사 | 过 | 목적어 | 해석 |
|---|---|---|---|---|---|---|---|
| 你 Nǐ | 去 qù | 过 guo | 没(有) méi(yǒu) | 去 qù | 过 guo | 中国 Zhōngguó | 당신은 중국에 가본 적이 있습니까 없습니까? |
| 你 Nǐ | 学 xué | 过 guo | 没(有) méi(yǒu) | 学 xué | 过 guo | 汉语 hànyǔ | 당신은 중국어를 배운 적이 있습니까 없습니까? |
| 你 Nǐ | 听 tīng | 过 guo | 没(有) méi(yǒu) | 听 tīng | 过 guo | 中国歌儿 Zhōngguógēr | 당신은 중국노래를 들어본 적이 있습니까 없습니까? |
| 你 Nǐ | 吃 chī | 过 guo | 没(有) méi(yǒu) | 吃 chī | 过 guo | 烤鸭 kǎoyā | 당신은 오리구이를 먹어본 적이 있습니까 없습니까? |
| 你 Nǐ | 看 kàn | 过 guo | 没(有) méi(yǒu) | 看 kàn | 过 guo | 那部电影 nà bù diànyǐng | 당신은 그 영화를 본 적이 있습니까 없습니까? |
| 你 Nǐ | 来 lái | 过 guo | 没(有) méi(yǒu) | 来 lái | 过 guo | 这儿 zhèr | 당신은 이곳에 와본 적이 있습니까 없습니까? |

## 확인학습 4

>>> **다음 문장을 중국어로 옮기시오.**

1. 당신은 중국에 가본 적이 있습니까 없습니까?

   >>> _____

2. 당신은 중국어를 배운 적이 있습니까 없습니까?

   >>> _____

3. 당신은 중국노래를 들어본 적이 있습니까 없습니까?

   >>> _____

4. 당신은 오리구이를 먹어본 적이 있습니까 없습니까?

   >>> _____

5. 당신은 그 영화를 본 적이 있습니까 없습니까?

   >>> _____

6. 당신은 이곳에 와본 적이 있습니까 없습니까?

   >>> _____

7. 당신은 한자를 써본 적이 있습니까 없습니까?

   >>> _____

8. 당신은 탁구를 쳐본 적이 있습니까 없습니까?

   >>> _____

9. 당신은 술을 마셔본 적이 있습니까 없습니까?

   >>> _____

10. 당신은 유화를 그려본 적이 있습니까 없습니까?

    >>> _____

## (4) 연동문에서의 경험형

➡ 연동문에서 과거의 경험을 나타낼 경우, 두 번째 동사 뒤에 '过'를 붙인다.

| 주어 | 동사₁ | 목적어 | 동사₂ | 过 | (목적어) | 해석 |
|---|---|---|---|---|---|---|
| 我<br>Wǒ | 去<br>qù | 中国<br>Zhōngguó | 旅行<br>lǚxíng | 过<br>guo | | 나는 중국에 가서<br>여행한 적이 있다. |
| 我<br>Wǒ | 去<br>qù | 中国<br>Zhōngguó | 学<br>xué | 过<br>guo | 汉语<br>hànyǔ | 나는 중국에 가서<br>중국어를 배운 적이 있다. |
| 他<br>Tā | 去<br>qù | 医院<br>yīyuàn | 看<br>kàn | 过<br>guo | 病<br>bìng | 그는 병원에 가서<br>진찰받은 적이 있다. |
| 他<br>Tā | 骑<br>qí | 自行车<br>zìxíngchē | 去<br>qù | 过<br>guo | 圆明园<br>yuánmíngyuán | 그는 자전거를 타고<br>원명원에 간 적이 있다. |
| 她<br>Tā | 去<br>qù | 图书馆<br>túshūguǎn | 借<br>jiè | 过<br>guo | 书<br>shū | 그녀는 도서관에 가서<br>책을 빌린 적이 있다. |
| 她<br>Tā | 去<br>qù | 百货商店<br>bǎihuò<br>shāngdiàn | 买<br>mǎi | 过<br>guo | 衣服<br>yīfu | 그녀는 백화점에 가서<br>옷을 산 적이 있다. |

## 확인학습 5

>>> 다음 문장을 중국어로 옮기시오.

**1.** 나는 중국에 가서 여행한 적이 있다.

>>> _____

**2.** 나는 중국에 가서 중국어를 배운 적이 있다.

>>> _____

**3.** 그는 병원에 가서 진찰받은 적이 있다.

>>> _____

**4.** 그는 자전거를 타고 원명원에 간 적이 있다.

>>> _____

**5.** 그녀는 도서관에 가서 책을 빌린 적이 있다.

>>> _____

**6.** 그녀는 백화점에 가서 옷을 산 적이 있다.

>>> _____

**7.** 그녀는 서점에 가서 책을 산 적이 있다.

>>> _____

**8.** 그는 호텔에 가서 밥을 먹은 적이 있다.

>>> _____

**9.** 그는 공항에 가서 친구를 마중한 적이 있다.

>>> _____

**10.** 그는 차를 몰고 공항에 간 적이 있다.

>>> _____

# (5) 경험의 횟수를 나타내는 방법

➡ 동태조사 '过' 뒤에 '동량보어'를 쓴다.

| 주어 | 동사 | 过 | 동량보어 | 해석 |
|---|---|---|---|---|
| 我<br>Wǒ | 见<br>jiàn | 过<br>guo | 一次<br>yī cì | 나는 한 번<br>만난 적이 있다. |
| 我<br>Wǒ | 喝<br>hē | 过<br>guo | 一次<br>yī cì | 나는 한 번<br>마셔본 적이 있다. |
| 他<br>Tā | 听<br>tīng | 过<br>guo | 几次<br>jǐ cì | 그는 몇 번<br>들어본 적이 있다. |
| 他<br>Tā | 去<br>qù | 过<br>guo | 一次<br>yī cì | 그는 한 번<br>가본 적이 있다. |
| 她<br>Tā | 看<br>kàn | 过<br>guo | 两遍<br>liǎng biàn | 그녀는 두 번<br>본 적이 있다. |
| 她<br>Tā | 开<br>kāi | 过<br>guo | 几次<br>jǐ cì | 그녀는 몇 번<br>운전해본 적이 있다. |

## 확인학습 6

**》》》 다음 문장을 중국어로 옮기시오.**

1. 나는 한 번 만난 적이 있다.

   》》》 _____

2. 나는 한 번 마셔본 적이 있다.

   》》》 _____

3. 그는 몇 번 들어본 적이 있다.

   》》》 _____

4. 그는 한 번 가본 적이 있다

   》》》 _____

5. 그녀는 두 번 본 적이 있다.

   》》》 _____

6. 그녀는 몇 번 운전해본 적이 있다.

   》》》 _____

7. 그는 두 번 와본 적이 있다.

   》》》 _____

8. 그는 한 번 사용해본 적이 있다.

   》》》 _____

9. 그는 한 번 입어본 적이 있다.

   》》》 _____

10. 그녀는 몇 번 맛본 적이 있다.

    》》》 _____

1) 동량보어가 있는 경험형 문장에 목적어가 있는 경우, 목적어가 일반 사물이면 일반적으로 동량보어 뒤에 위치한다.

| 주어 | 동사 | 过 | 동량 보어 | 목적어 (사물) | 해석 |
|------|------|------|------|------|------|
| 我 Wǒ | 见 jiàn | 过 guo | 一次 yī cì | 外国人 wàiguórén | 나는 외국인을 한 번 만난 적이 있다. |
| 我 Wǒ | 喝 hē | 过 guo | 一次 yī cì | 酒 jiǔ | 나는 술을 한 번 마셔본 적이 있다. |
| 他 Tā | 听 tīng | 过 guo | 几次 jǐ cì | 中国歌儿 Zhōngguógēr | 그는 중국노래를 몇 번 들어본 적이 있다. |
| 他 Tā | 吃 chī | 过 guo | 一次 yī cì | 烤鸭 kǎoyā | 그는 오리구이를 한 번 먹어본 적이 있다. |
| 她 Tā | 看 kàn | 过 guo | 两遍 liǎng biàn | 那部电影 nà bù diànyǐng | 그녀는 그 영화를 두 번 본 적이 있다. |
| 她 Tā | 开 kāi | 过 guo | 几次 jǐ cì | 这辆车 zhè liàng chē | 그녀는 이 차를 몇 번 운전해본 적이 있다. |

## 확인학습 7

>>> 다음 문장을 중국어로 옮기시오.

**1.** 나는 외국인을 한 번 만난 적이 있다.

>> _____

**2.** 나는 술을 한 번 마셔본 적이 있다.

>> _____

**3.** 그는 중국노래를 몇 번 들어본 적이 있다.

>> _____

**4.** 그는 오리구이를 한 번 먹어본 적이 있다

>> _____

**5.** 그녀는 그 영화를 두 번 본 적이 있다.

>> _____

**6.** 그녀는 이 차를 몇 번 운전해본 적이 있다.

>> _____

**7.** 그는 우리 집에 두 번 와본 적이 있다.

>> _____

**8.** 그는 젓가락을 한 번 사용해본 적이 있다.

>> _____

**9.** 그는 그 옷을 한 번 입어본 적이 있다.

>> _____

**10.** 그녀는 포도주를 몇 번 맛본 적이 있다.

>> _____

2) 목적어가 인명이나 지명인 경우, 동량보어의 앞이나 뒤 모두 가능하다.

| 주어 | 동사 | 过 | 동량보어 | 목적어<br>(인명/지명) | 해석 |
|------|------|-----|----------|----------------------|------|
| 我<br>Wǒ | 见<br>jiàn | 过<br>guo | 一次<br>yī cì | 小王<br>xiǎoWáng | 나는<br>샤오왕을 한 번<br>만난 적이 있다. |
| 我<br>Wǒ | 去<br>qù | 过<br>guo | 两次<br>liǎng cì | 中国<br>Zhōngguó | 나는<br>중국에 두 번<br>가본 적이 있다. |
| 他<br>Tā | 找<br>zhǎo | 过<br>guo | 几次<br>jǐ cì | 老李<br>lǎo Lǐ | 그는<br>라오리를 두 번<br>찾은 적이 있다. |

| 주어 | 동사 | 过 | 목적어<br>(인명/지명) | 동량보어 | 해석 |
|------|------|-----|----------------------|----------|------|
| 我<br>Wǒ | 见<br>jiàn | 过<br>guo | 小王<br>xiǎoWáng | 一次<br>yī cì | 나는<br>샤오왕을 한 번<br>만난 적이 있다. |
| 我<br>Wǒ | 去<br>qù | 过<br>guo | 中国<br>Zhōngguó | 两次<br>liǎng cì | 나는<br>중국에 두 번<br>가본 적이 있다. |
| 他<br>Tā | 找<br>zhǎo | 过<br>guo | 老李<br>lǎo Lǐ | 几次<br>jǐ cì | 그는<br>라오리를 두 번<br>찾은 적이 있다. |

## 확인학습 8

>>> 다음 문장을 중국어로 옮기시오.

**1.** 나는 샤오왕을 한 번 만난 적이 있다.

1) _____

2) _____

**2.** 나는 중국에 두 번 가본 적이 있다.

1) _____

2) _____

**3.** 그는 라오리를 두 번 찾은 적이 있다.

1) _____

2) _____

**4.** 나는 샤오왕을 두 번 마주친 적이 있다.

1) _____

2) _____

**5.** 그녀는 서울에 세 번 온 적이 있다.

1) _____

2) _____

## 3) 목적어가 대명사인 경우, 반드시 동량보어 앞에 위치한다.

| 주어 | 동사 | 过 | 목적어<br>(대명사) | 동량<br>보어 | 해석 |
|---|---|---|---|---|---|
| 我<br>Wǒ | 来<br>lái | 过<br>guo | 这儿<br>zhèr | 一次<br>yī cì | 나는 여기에<br>한 번 와본 적이 있다. |
| 我<br>Wǒ | 去<br>qù | 过<br>guo | 那儿<br>nàr | 一次<br>yī cì | 나는 거기에<br>한 번 가본 적이 있다. |
| 我<br>Wǒ | 玩儿<br>wánr | 过<br>guo | 这儿<br>zhèr | 两次<br>liǎng cì | 나는 여기서<br>두 번 놀아본 적이 있다. |
| 我<br>Wǒ | 见<br>jiàn | 过<br>guo | 他<br>tā | 几次<br>jǐ cì | 나는 그를<br>몇 번 만난 적이 있다. |
| 我<br>Wǒ | 找<br>zhǎo | 过<br>guo | 他<br>tā | 一次<br>yī cì | 나는 그를<br>몇 번 찾은 적이 있다. |
| 我<br>Wǒ | 请<br>qǐng | 过<br>guo | 他们<br>tāmen | 两次<br>liǎng cì | 나는 그들을<br>두 번 초청한 적이 있다. |
| 我<br>Wǒ | 碰<br>pèng | 过<br>guo | 他<br>tā | 几次<br>jǐ cì | 나는 그를<br>몇 번 마주친 적이 있다. |

## 확인학습 9

>>> 다음 문장을 중국어로 옮기시오.

**1.** 나는 여기에 한 번 와본 적이 있다

>>> _____

**2.** 나는 거기에 한 번 가본 적이 있다.

>>> _____

**3.** 나는 여기서 두 번 놀아본 적이 있다.

>>> _____

**4.** 나는 그를 몇 번 만난 적이 있다.

>>> _____

**5.** 나는 그를 몇 번 찾은 적이 있다.

>>> _____

**6.** 나는 그들을 두 번 초청한 적이 있다.

>>> _____

**7.** 나는 그를 몇 번 마주친 적이 있다.

>>> _____

(6) 목적어를 특별히 강조하거나 목적어가 긴 경우, 목적어를 문장 앞으로 도치시킬 수 있다.

| 목적어 | 주어 | 동사 | 过 | 해석 |
|---|---|---|---|---|
| 中国<br>Zhōngguó | 我<br>wǒ | 去<br>qù | 过<br>guo | 중국,<br>(나) 가본 적이 있어. |
| 汉语<br>Hànyǔ | 我<br>wǒ | 学<br>xué | 过<br>guo | 중국어,<br>(나) 배운 적이 있어. |
| 中国歌儿<br>Zhōngguógēr | 我<br>wǒ | 听<br>tīng | 过<br>guo | 중국 노래,<br>(나) 들어본 적 있어. |
| 烤鸭<br>Kǎoyā | 我<br>wǒ | 吃<br>chī | 过<br>guo | 오리구이,<br>(나) 먹어본 적 있어. |
| 那部电影<br>Nà bù diànyǐng | 我<br>wǒ | 看<br>kàn | 过<br>guo | 그 영화,<br>(나) 본 적 있어. |
| 这辆车<br>Zhè liàng chē | 我<br>wǒ | 开<br>kāi | 过<br>guo | 이 차,<br>(나) 운전해본 적 있어. |

## 확인학습 10

>>> 다음 문장을 중국어로 옮기시오.

**1.** 중국, (나) 가본 적이 있어.

>>> _____

**2.** 중국어, (나) 배운 적이 있어.

>>> _____

**3.** 중국 노래, (나) 들어본 적 있어.

>>> _____

**4.** 오리구이, (나) 먹어본 적 있어.

>>> _____

**5.** 그 영화, (나) 본 적 있어.

>>> _____

**6.** 이 차, (나) 운전해본 적 있어.

>>> _____

## 연습문제

**1.** 다음 문장을 해석하시오.

**1)** 我去过中国。

》 _____

**2)** 我学过汉语。

》 _____

**3)** 他听过中国歌儿。

》 _____

**4)** 他吃过烤鸭。

》 _____

**5)** 她看过那部电影。

》 _____

**6)** 她来过这儿。

》 _____

**7)** 我没(有)去过中国。

》 _____

**8)** 我没(有)学过汉语。

》 _____

**9)** 他没(有)听过中国歌儿。

》 _____

10) 他没(有)吃过烤鸭。

　》　_____

11) 她没(有)看过那部电影。

　》　_____

12) 她没(有)来过这儿。

　》　_____

13) 你去过中国吗?

　》　_____

14) 你学过汉语吗?

　》　_____

15) 你听过中国歌儿吗?

　》　_____

16) 你吃过烤鸭吗?

　》　_____

17) 你看过那部电影吗?

　》　_____

18) 你来过这儿吗?

　》　_____

19) 你去过中国没有?

　》　_____

20) 你学过汉语没有?

　》　_____

21) 你听过中国歌儿没有?

　》　_____

22) 你吃过烤鸭没有?

　　》》》 _____

23) 你看过那部电影没有?

　　》》》 _____

24) 你来过这儿没有?

　　》》》 _____

25) 我去中国旅行过。

　　》》》 _____

26) 我去中国学过汉语。

　　》》》 _____

27) 他去医院看过病。

　　》》》 _____

28) 他骑自行车去过圆明园。

　　》》》 _____

29) 她去图书馆借过书。

　　》》》 _____

30) 她去百货商店买过衣服。

　　》》》 _____

31) 我见过一次。

　　》》》 _____

32) 我喝过一次。

　　》》》 _____

33) 他听过几次。

　　》》》 _____

**34)** 他去过一次。

>> _____

**35)** 她看过两遍。

>> _____

**36)** 她开过几次。

>> _____

**37)** 我见过一次外国人。

>> _____

**38)** 我喝过一次酒。

>> _____

**39)** 他听过几次中国歌儿。

>> _____

**40)** 他吃过一次烤鸭。

>> _____

**41)** 她看过两遍那部电影。

>> _____

**42)** 她开过几次这辆车。

>> _____

**43)** 我见过一次小王。

>> _____

**44)** 我去过两次中国。

>> _____

**45)** 他找过几次老李。

>> _____

**46)** 我见过小王一次。

》 _____

**47)** 我去过中国两次。

》 _____

**48)** 他找过老李几次。

》 _____

**49)** 我来过这儿一次。

》 _____

**50)** 我去过那儿一次。

》 _____

**51)** 我玩儿过这儿两次。

》 _____

**52)** 我见过他几次。

》 _____

**53)** 我找过他一次。

》 _____

**54)** 我请过他们两次。

》 _____

**55)** 我碰过他几次。

》 _____

**56)** 中国我去过。

》 _____

**57)** 汉语我学过。

》 _____

**58)** 中国歌儿我听过。

>> _____

**59)** 烤鸭我吃过。

>> _____

**60)** 那部电影我看过。

>> _____

**61)** 这辆车我开过。

>> _____

## 2. 괄호 안의 단어를 선택해서 다음 문장을 중국어로 옮기시오.

**1)** 나는 이 책을 본 적이 있다.

(我 / 看 / 这本书 / 过)

>> _____

**2)** 작년에 나는 상해에 가본 적이 있다.

(去年 / 过 / 我 / 上海 / 去)

>> _____

**3)** 그는 이곳에 와본 적이 없다.

(他 / 来 / 这儿 / 过 / 没有)

>> _____

**4)** 그는 병에 걸려본 적이 없다.

(他 / 过 / 没有 / 病 / 生)

>> _____

**5)** 너 그 사람 만나본 적 있어 없어?

(你 / 过 / 他 / 没 / 有 / 见)

>> _____

**6)** 너 남경에 가본 적 있어 없어?

(你 / 去 / 没 / 有 / 南京 / 过)

》 _____

**7)** 이 과일, 나 먹어 본 적 있어!

(这种水果 / 吃 / 我 / 过)

》 _____

**8)** 항주, 나 가봤어!

(杭州 / 过 / 我 / 去)

》 _____

**9)** 나는 이곳에 와서 물건을 산 적이 있다.

(我 / 东西 / 来 / 过 / 买 / 这儿)

》 _____

**10)** 나는 기차를 타고 여행을 간 적이 있다.

(我 / 旅游 / 去 / 火车 / 坐 / 过)

》 _____

**11)** 나는 이 소설을 세 번 읽어 본 적이 있다.

(我 / 读 / 看 / 这 / 过 / 三 / 本 / 遍 / 次 / 小说)

》 _____

**12)** 나는 그녀를 몇 번 만난 적이 있다.

(我 / 过 / 她 / 几 / 次 / 遍 / 看 / 见)

》 _____

**13)** 나는 이미 먹어봤어, 너 먹어.

(我 / 吃 / 了 / 过 / 已经 / 你 / 吧)

》 _____

**14)** 그는 이미 이곳에 와본 적이 있다.

(他 / 这儿 / 来 / 过 / 已经 / 了)

》 _____

**15)** 나는 아직 먹어 본 적이 없다.

(我 / 吃 / 还 / 呢 / 过 / 没 / 有)

》 _____

**16)** 그녀는 아직 가본 적이 없다.

(她 / 没 / 有 / 过 / 还 / 去 / 呢)

》 _____

## 3. 다음 문장을 중국어로 옮기시오.

**1)** 나는 술을 마셔본 적이 있다.

》 _____

**2)** 그들은 영화를 두 번 본 적이 있다.

》 _____

**3)** 나는 그를 한 번 만난 적이 있다.

》 _____

**4)** 그는 스페인어를 배운 적이 있다.

》 _____

**5)** 작년에 나는 상해에 간 적이 있다.

》 _____

**6)** 나는 이 옷을 입어본 적이 있다.

》 _____

**7)** 그는 젓가락을 써본 적이 없다.

》 _____

**8)** 그녀는 스케이트를 타본 적이 없다.

 ≫ _____

**9)** 당신은 미국에 가본 적이 있습니까?

 ≫ _____

**10)** 당신은 경극을 본 적이 있습니까 없습니까?

 ≫ _____

# MEMO

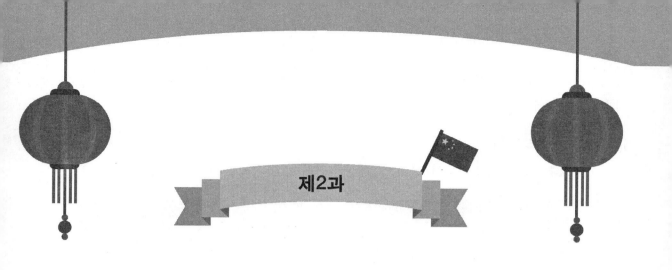

# 동작의 완료형

원포인트

'~했다'와 같이 동작의 완성이나 실현을 나타내고자 할 경우, 동사 뒤에 동태조사 '了'를 붙인다.

## (1) 긍정형

➡ 기본 어순은 '주어+동사+了'이다.

| 주어 | 동사 | 了 | 해석 |
|---|---|---|---|
| 他<br>Tā | 去<br>qù | 了<br>le | 그는 갔다. |
| 他<br>Tā | 学<br>xué | 了<br>le | 그는 배웠다. |
| 他<br>Tā | 听<br>tīng | 了<br>le | 그는 들었다. |
| 她<br>Tā | 吃<br>chī | 了<br>le | 그녀는 먹었다. |
| 她<br>Tā | 看<br>kàn | 了<br>le | 그녀는 봤다. |
| 她<br>Tā | 来<br>lái | 了<br>le | 그녀는 왔다. |

## 확인학습 1

>>> 다음 문장을 중국어로 옮기시오.

**1.** 그는 갔다.

>>> _____

**2.** 그는 배웠다.

>>> _____

**3.** 그는 들었다.

>>> _____

**4.** 그녀는 먹었다.

>>> _____

**5.** 그녀는 봤다.

>>> _____

**6.** 그녀는 왔다.

>>> _____

**7.** 그녀는 (글씨를) 썼다.

>>> _____

**8.** 그녀는 (전화를) 걸었다.

>>> _____

**9.** 그는 마셨다.

>>> _____

**10.** 그는 그렸다.

>>> _____

## (2) 부정형

➡ 동사 앞에 '没(有)'를 붙이고 동태조사 '了'를 뺀다.

| 주어 | 没(有) | 동사 | 해석 |
|---|---|---|---|
| 他 <br> Tā | 没(有) <br> méi(yǒu) | 去 <br> qù | 그는 안 갔다. |
| 他 <br> Tā | 没(有) <br> méi(yǒu) | 学 <br> xué | 그는 안 배웠다. |
| 他 <br> Tā | 没(有) <br> méi(yǒu) | 听 <br> tīng | 그는 안 들었다. |
| 她 <br> Tā | 没(有) <br> méi(yǒu) | 吃 <br> chī | 그녀는 안 먹었다. |
| 她 <br> Tā | 没(有) <br> méi(yǒu) | 看 <br> kàn | 그녀는 안 봤다. |
| 她 <br> Tā | 没(有) <br> méi(yǒu) | 来 <br> lái | 그녀는 안 왔다. |

## 확인학습 2

>>> **다음 문장을 중국어로 옮기시오.**

1. 그는 안 갔다.

   >> _____

2. 그는 안 배웠다.

   >> _____

3. 그는 안 들었다.

   >> _____

4. 그녀는 안 먹었다.

   >> _____

5. 그녀는 안 봤다.

   >> _____

6. 그녀는 안 왔다.

   >> _____

7. 그녀는 (글씨를) 안 썼다.

   >> _____

8. 그녀는 (전화를) 안 걸었다.

   >> _____

9. 그는 안 마셨다.

   >> _____

10. 그는 안 그렸다.

   >> _____

## (3) 의문문

**1) 평서문 끝에 '吗'를 붙여서 의문문을 만들 수 있다.**

| 주어 | 동사 | 了 | 吗 | 해석 |
|---|---|---|---|---|
| 他<br>Tā | 去<br>qù | 了<br>le | 吗<br>ma | 그는 갔습니까? |
| 他<br>Tā | 学<br>xué | 了<br>le | 吗<br>ma | 그는 배웠습니까? |
| 他<br>Tā | 听<br>tīng | 了<br>le | 吗<br>ma | 그는 들었습니까? |
| 她<br>Tā | 吃<br>chī | 了<br>le | 吗<br>ma | 그녀는 먹었습니까? |
| 她<br>Tā | 看<br>kàn | 了<br>le | 吗<br>ma | 그녀는 봤습니까? |
| 她<br>Tā | 来<br>lái | 了<br>le | 吗<br>ma | 그녀는 왔습니까? |

## 확인학습 3

》》 다음 문장을 중국어로 옮기시오.

**1.** 그는 갔습니까?

》》 _____

**2.** 그는 배웠습니까?

》》 _____

**3.** 그는 들었습니까?

》》 _____

**4.** 그녀는 먹었습니까?

》》 _____

**5.** 그녀는 봤습니까?

》》 _____

**6.** 그녀는 왔습니까?

》》 _____

**7.** 그녀는 (글씨를) 썼습니까?

》》 _____

**8.** 그녀는 (전화를) 걸었습니까?

》》 _____

**9.** 그는 마셨습니까?

》》 _____

**10.** 그는 그렸습니까?

》》 _____

**2) 평서문 끝에 '没有'를 붙여서 의문문을 만들 수도 있다.**

| 주어 | 동사 | 了 | 没有 | 해석 |
|---|---|---|---|---|
| 他<br>Tā | 去<br>qù | 了<br>le | 没有<br>méiyǒu | 그는 갔습니까<br>안 갔습니까? |
| 他<br>Tā | 学<br>xué | 了<br>le | 没有<br>méiyǒu | 그는 배웠습니까<br>안 배웠습니까? |
| 他<br>Tā | 听<br>tīng | 了<br>le | 没有<br>méiyǒu | 그는 들었습니까<br>안 들었습니까? |
| 她<br>Tā | 吃<br>chī | 了<br>le | 没有<br>méiyǒu | 그녀는 먹었습니까<br>안 먹었습니까? |
| 她<br>Tā | 看<br>kàn | 了<br>le | 没有<br>méiyǒu | 그녀는 봤습니까<br>안 봤습니까? |
| 她<br>Tā | 来<br>lái | 了<br>le | 没有<br>méiyǒu | 그녀는 왔습니까<br>안 왔습니까? |

## 확인학습 4

≫ 다음 문장을 중국어로 옮기시오.

**1.** 그는 갔습니까 안 갔습니까?

≫ _____

**2.** 그는 배웠습니까 안 배웠습니까?

≫ _____

**3.** 그는 들었습니까 안 들었습니까?

≫ _____

**4.** 그녀는 먹었습니까 안 먹었습니까?

≫ _____

**5.** 그녀는 봤습니까 안 봤습니까?

≫ _____

**6.** 그녀는 왔습니까 안 왔습니까?

≫ _____

**7.** 그녀는 (글씨를) 썼습니까 안 썼습니까?

≫ _____

**8.** 그녀는 (전화를) 걸었습니까 안 걸었습니까?

≫ _____

**9.** 그는 마셨습니까 안 마셨습니까?

≫ _____

**10.** 그는 그렸습니까 안 그렸습니까?

≫ _____

## (4) 완료형에서 목적어의 위치

1) 목적어가 수식어를 가지고 있지 않을 경우, 동태조사 '了'와 문장 끝의 어기조사 '了' 사이에 위치한다. 이 경우 일반적으로 동태조사 '了'는 생략한다.

| 주어 | 동사 | (了) | 수식어 없는 목적어 | 了 | 해석 |
|---|---|---|---|---|---|
| 他<br>Tā | 写<br>xiě | (了)<br>(le) | 信<br>xìn | 了<br>le | 그는 편지를 썼다. |
| 他<br>Tā | 学<br>xué | (了)<br>(le) | 汉语<br>hànyǔ | 了<br>le | 그는 중국어를 배웠다. |
| 他<br>Tā | 听<br>tīng | (了)<br>(le) | 歌儿<br>gēr | 了<br>le | 그는 노래를 들었다. |
| 她<br>Tā | 吃<br>chī | (了)<br>(le) | 烤鸭<br>kǎoyā | 了<br>le | 그녀는 오리구이를 먹었다. |
| 她<br>Tā | 看<br>kàn | (了)<br>(le) | 电影<br>diànyǐng | 了<br>le | 그녀는 영화를 봤다. |
| 她<br>Tā | 来<br>lái | (了)<br>(le) | 这儿<br>zhèr | 了<br>le | 그녀는 이곳에 왔다. |

## 확인학습 5

**》》》 다음 문장을 중국어로 옮기시오.**

**1.** 그는 편지를 썼다.

　》》　_____

**2.** 그는 중국어를 배웠다.

　》》　_____

**3.** 그는 노래를 들었다.

　》》　_____

**4.** 그녀는 오리구이를 먹었다.

　》》　_____

**5.** 그녀는 영화를 봤다.

　》》　_____

**6.** 그녀는 이곳에 왔다.

　》》　_____

**7.** 그녀는 한자를 썼다.

　》》　_____

**8.** 그녀는 전화를 걸었다.

　》》　_____

**9.** 그는 술을 마셨다.

　》》　_____

**10.** 그는 그림을 그렸다.

　》》　_____

2) 목적어가 수식어를 가지고 있는 경우, 목적어는 동태조사 '了' 뒤에 놓인다.

| 주어 | 동사 | 了 | 수식어 있는 목적어 | 해석 |
|------|------|-----|-------------------|------|
| 他 Tā | 写 xiě | 了 le | 一封信 yī fēng xìn | 그는 편지 한 통을 썼다. |
| 他 Tā | 上 shàng | 了 le | 汉语课 hànyǔkè | 그는 중국어 수업을 했다. |
| 他 Tā | 听 tīng | 了 le | 一首歌儿 yī shǒu gēr | 그는 노래 한 곡을 들었다. |
| 她 Tā | 吃 chī | 了 le | 一份烤鸭 yī fèn kǎoyā | 그녀는 오리구이 1인분을 먹었다. |
| 她 Tā | 看 kàn | 了 le | 那部电影 nà bù diànyǐng | 그녀는 그 영화를 봤다. |
| 她 Tā | 买 mǎi | 了 le | 一件衣服 yī jiàn yīfu | 그녀는 옷 한 벌을 샀다. |

## 확인학습 5

>>> 다음 문장을 중국어로 옮기시오.

**1.** 그는 편지 한 통을 썼다.

>>> _____

**2.** 그는 중국어 수업을 했다.

>>> _____

**3.** 그는 노래 한 곡을 들었다.

>>> _____

**4.** 그녀는 오리구이 1인분을 먹었다.

>>> _____

**5.** 그녀는 그 영화를 봤다.

>>> _____

**6.** 그녀는 옷 한 벌을 샀다.

>>> _____

**7.** 그녀는 그 공장을 참관했다.

>>> _____

**8.** 그녀는 많은 책을 샀다.

>>> _____

**9.** 그는 술 한 잔을 마셨다.

>>> _____

**10.** 그는 케이크 한 쪽을 먹었다.

>>> _____

## 연습문제

1. **다음 문장을 해석하시오.**

1) 他去了。

　≫ _____

2) 他学了。

　≫ _____

3) 他听了。

　≫ _____

4) 她吃了。

　≫ _____

5) 她看了。

　≫ _____

6) 她来了。

　≫ _____

7) 他没(有)去。

　≫ _____

8) 他没(有)学。

　≫ _____

9) 他没(有)听。

　≫ _____

**10)** 她没(有)吃。

　　》 _____

**11)** 她没(有)看。

　　》 _____

**12)** 她没(有)来。

　　》 _____

**13)** 他去了吗?

　　》 _____

**14)** 他学了吗?

　　》 _____

**15)** 他听了吗?

　　》 _____

**16)** 她吃了吗?

　　》 _____

**17)** 她看了吗?

　　》 _____

**18)** 她来了吗?

　　》 _____

**19)** 他去了没有?

　　》 _____

**20)** 他学了没有?

　　》 _____

**21)** 他听了没有?

　　》 _____

**22)** 她吃了没有?

》 _____

**23)** 她看了没有?

》 _____

**24)** 她来了没有?

》 _____

**25)** 他写(了)信了。

》 _____

**26)** 他学(了)汉语了。

》 _____

**27)** 他听(了)歌儿了。

》 _____

**28)** 她吃(了)烤鸭了。

》 _____

**29)** 她看(了)电影了。

》 _____

**30)** 她来(了)这儿了。

》 _____

**31)** 他写了一封信。

》 _____

**32)** 他上了汉语课。

》 _____

**33)** 他听了一首歌儿。

》 _____

**34)** 她吃了一份烤鸭。

》 _____

**35)** 她看了那部电影。

》 _____

**36)** 她买了一件衣服。

》 _____


## 2. 괄호 안의 단어를 선택해서 다음 문장을 중국어로 옮기시오.

**1)** 그는 이미 출발했다.

(他 / 了 / 出发 / 已经)

》 _____

**2)** 그는 이미 죽었다.

(他 / 已经 / 了 / 死)

》 _____

**3)** 그들은 아직 출발하지 않았다.

(他们 / 出发 / 没有 / 还)

》 _____

**4)** 그들은 아직 결혼하지 않았다.

(他们 / 还 / 结婚 / 没有)

》 _____

**5)** 너희들은 방학했니?

(你们 / 没有 / 了 / 吗 / 放假)

》 _____

**6)** 너희들은 샀니 안 샀니?

(你们 / 买 / 吗 / 了 / 没有)

》 _____

**7)** 나는 차를 마셨다.

(我 / 茶 / 喝 / 了)

》 _____

**8)** 그녀는 옷을 샀다.

(她 / 买 / 了 / 衣服)

》 _____

**9)** 나는 이 책을 읽었다.

(我 / 读 / 这本书 / 了)

》 _____

**10)** 그녀는 예쁜 옷을 샀다.

(她 / 漂亮 / 了 / 买 / 的 / 衣服)

》 _____

**11)** 그녀는 이미 퇴근을 했다.

(她 / 班 / 已经 / 了 / 下)

》 _____

**12)** 그들은 이미 진찰을 받았다.

(他们 / 了 / 病 / 已经 / 看)

》 _____

**13)** 내년에 졸업하면, 나는 중국에 가려고 한다.

(明年 / 了 / 要 / 去 / 业 / 毕 / 我 / 中国)

》 _____

14) 오늘 수업이 끝나면, 나는 빨래를 해야 한다.

(今天 / 我 / 得 / 课 / 洗 / 下 / 衣服 / 了)

》 _____

15) 그녀는 방학하자마자 여행을 간다.

(她 / 假 / 放 / 就 / 去 / 了 / 旅游)

》 _____

16) 그녀는 수업이 끝나자마자 남자친구를 만나러 간다.

(她 / 下 / 去 / 就 / 见 / 了 / 课 / 男朋友)

》 _____

## 3. 다음 문장을 중국어로 옮기시오.

1) 나는 그 소설책을 봤다.

》 _____

2) 그는 친구를 기다렸다.

》 _____

3) 그는 우유 한잔을 마셨다.

》 _____

4) 그녀는 신발 한 켤레를 샀다.

》 _____

5) 그녀는 차 한 대를 샀다.

》 _____

6) 그는 아버지 생일선물을 샀다.

》 _____

**7)** 그는 꽃 한 다발을 선물했다.

》》 _____

**8)** 선생님은 2교시 수업을 하셨다.

》》 _____

**9)** 그들은 세 끼를 먹었다.

》》 _____

**10)** 언니는 치마 두 벌을 빨았다.

》》 _____

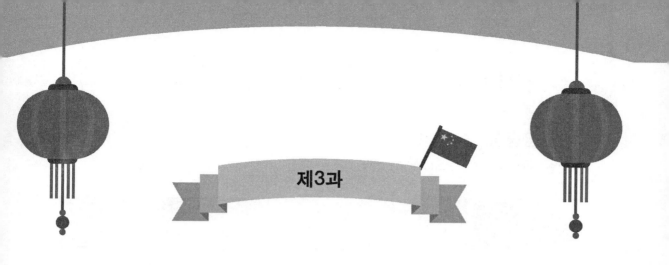

# 동작의 지속형

**원포인트**

　'～하고 있다'와 같은 동작의 지속이나, '(계속해서)～한 상태이다'와 같은 상태의 지속을 나타내고자 할 경우, 동사 뒤에 동태조사 '着'를 붙인다.

## (1) 긍정형

➡ 기본 어순은 '주어+동사+着(+목적어)'이다.

| 주어 | 동사 | 着 | (목적어) | 해석 |
|---|---|---|---|---|
| 她<br>Tā | 哭<br>kū | 着<br>zhe | | 그녀가 울고 있다. |
| 他<br>Tā | 笑<br>xiào | 着<br>zhe | | 그가 웃고 있다. |
| 她<br>Tā | 拿<br>ná | 着<br>zhe | 书<br>shū | 그녀는 책을 들고 있다. |
| 他<br>Tā | 戴<br>dài | 着<br>zhe | 帽子<br>màozi | 그는 모자를 쓰고 있다. |
| 桌子上<br>Zhuōzi shàng | 放<br>fàng | 着<br>zhe | 一本书<br>yī běn shū | 탁자 위에 책 한 권이 놓여 있다. |
| 墙上<br>Qiáng shàng | 挂<br>guà | 着<br>zhe | 一件衣服<br>yī jiàn yīfu | 벽에 옷 한 벌이 걸려 있다. |

## 확인학습 1

>>> **다음 문장을 중국어로 옮기시오.**

1. 그녀가 울고 있다.

   >>> _____

2. 그가 웃고 있다.

   >>> _____

3. 그녀는 책을 들고 있다.

   >>> _____

4. 그는 모자를 쓰고 있다.

   >>> _____

5. 탁자 위에 책 한 권이 놓여 있다.

   >>> _____

6. 벽에 옷 한 벌이 걸려 있다.

   >>> _____

7. 그녀는 원피스를 입고 있다.

   >>> _____

8. 벽에 사진 한 장이 붙어 있다.

   >>> _____

9. 테이블 위에 컴퓨터 한 대가 놓여 있다.

   >>> _____

10. 탁자 위에 우유 한 잔이 놓여 있다.

    >>> _____

## (2) 부정형

➡ 동사 앞에 '没(有)'를 붙인다.

| 주어 | 没(有) | 동사 | 着 | (목적어) | 해석 |
|---|---|---|---|---|---|
| 她<br>Tā | 没(有)<br>méi(yǒu) | 哭<br>kū | 着<br>zhe | | 그녀는 울고 있지 않다. |
| 他<br>Tā | 没(有)<br>méi(yǒu) | 笑<br>xiào | 着<br>zhe | | 그는 웃고 있지 않다. |
| 她<br>Tā | 没(有)<br>méi(yǒu) | 拿<br>ná | 着<br>zhe | 书<br>shū | 그녀는 책을<br>들고 있지 않다. |
| 他<br>Tā | 没(有)<br>méi(yǒu) | 戴<br>dài | 着<br>zhe | 帽子<br>màozi | 그는 모자를<br>쓰고 있지 않다. |
| 桌子上<br>Zhuōzi shàng | 没(有)<br>méi(yǒu) | 放<br>fàng | 着<br>zhe | 书<br>shū | 탁자 위에 책이<br>놓여 있지 않다. |
| 墙上<br>Qiáng shàng | 没(有)<br>méi(yǒu) | 挂<br>guà | 着<br>zhe | 衣服<br>yīfu | 벽에 옷이<br>걸려 있지 않다. |

## 확인학습 2

>>> 다음 문장을 중국어로 옮기시오.

**1.** 그녀는 울고 있지 않다.

>>> _____

**2.** 그는 웃고 있지 않다.

>>> _____

**3.** 그녀는 책을 들고 있지 않다.

>>> _____

**4.** 그는 모자를 쓰고 있지 않다.

>>> _____

**5.** 탁자 위에 책이 놓여 있지 않다.

>>> _____

**6.** 벽에 옷이 걸려 있지 않다.

>>> _____

**7.** 그녀는 원피스를 입고 있지 않다.

>>> _____

**8.** 벽에 사진이 붙어 있지 않다.

>>> _____

**9.** 테이블 위에 컴퓨터가 놓여 있지 않다.

>>> _____

**10.** 탁자 위에 우유가 놓여 있지 않다.

>>> _____

## (3) 의문문

**1) 평서문 끝에 '吗'를 붙여서 의문문을 만들 수 있다.**

| 주어 | 동사 | 着 | (목적어) | 吗 | 해석 |
|---|---|---|---|---|---|
| 她<br>Tā | 哭<br>kū | 着<br>zhe | | 吗<br>ma | 그녀가 울고 있습니까? |
| 他<br>Tā | 笑<br>xiào | 着<br>zhe | | 吗<br>ma | 그가 웃고 있습니까? |
| 她<br>Tā | 拿<br>ná | 着<br>zhe | 书<br>shū | 吗<br>ma | 그녀는 책을<br>들고 있습니까? |
| 他<br>Tā | 戴<br>dài | 着<br>zhe | 帽子<br>màozi | 吗<br>ma | 그는 모자를<br>쓰고 있습니까? |
| 桌子上<br>Zhuōzi shàng | 放<br>fàng | 着<br>zhe | 书<br>shū | 吗<br>ma | 탁자 위에 책이<br>놓여 있습니까? |
| 墙上<br>Qiáng shàng | 挂<br>guà | 着<br>zhe | 衣服<br>yīfu | 吗<br>ma | 벽에 옷이<br>걸려 있습니까? |

## 확인학습 3

≫ 다음 문장을 중국어로 옮기시오.

**1.** 그녀가 울고 있습니까?

≫ _____

**2.** 그가 웃고 있습니까?

≫ _____

**3.** 그녀는 책을 들고 있습니까?

≫ _____

**4.** 그는 모자를 쓰고 있습니까?

≫ _____

**5.** 탁자 위에 책이 놓여 있습니까?

≫ _____

**6.** 벽에 옷이 걸려 있습니까?

≫ _____

**7.** 그녀는 원피스를 입고 있습니까?

≫ _____

**8.** 벽에 사진이 붙어 있습니까?

≫ _____

**9.** 테이블 위에 컴퓨터가 놓여 있습니까?

≫ _____

**10.** 탁자 위에 우유가 놓여 있습니까?

≫ _____

2) 평서문 끝에 '没有'를 붙여서 의문문을 만들 수도 있다.

| 주어 | 동사 | 着 | (목적어) | 没有 | 해석 |
|---|---|---|---|---|---|
| 她<br>Tā | 哭<br>kū | 着<br>zhe | | 没有<br>méiyǒu | 그녀가<br>울고 있습니까<br>울고 있지 않습니까? |
| 他<br>Tā | 笑<br>xiào | 着<br>zhe | | 没有<br>méiyǒu | 그가<br>웃고 있습니까<br>웃고 있지 않습니까? |
| 她<br>Tā | 拿<br>ná | 着<br>zhe | 书<br>shū | 没有<br>méiyǒu | 그녀는 책을<br>들고 있습니까<br>들고 있지 않습니까? |
| 他<br>Tā | 戴<br>dài | 着<br>zhe | 帽子<br>màozi | 没有<br>méiyǒu | 그는 모자를<br>쓰고 있습니까<br>쓰고 있지 않습니까? |
| 桌子上<br>Zhuōzi shàng | 放<br>fàng | 着<br>zhe | 书<br>shū | 没有<br>méiyǒu | 탁자 위에 책이<br>놓여 있습니까<br>놓여 있지 않습니까? |
| 墙上<br>Qiáng shàng | 挂<br>guà | 着<br>zhe | 衣服<br>yīfu | 没有<br>méiyǒu | 벽에 옷이<br>걸려 있습니까<br>걸려 있지 않습니까? |

# 확인학습 4

➤➤➤ 다음 문장을 중국어로 옮기시오.

**1.** 그녀가 울고 있습니까 울고 있지 않습니까?

➤➤ _____

**2.** 그가 웃고 있습니까 웃고 있지 않습니까?

➤➤ _____

**3.** 그녀는 책을 들고 있습니까 들고 있지 않습니까?

➤➤ _____

**4.** 그는 모자를 쓰고 있습니까 쓰고 있지 않습니까?

➤➤ _____

**5.** 탁자 위에 책이 놓여 있습니까 놓여 있지 않습니까?

➤➤ _____

**6.** 벽에 옷이 걸려 있습니까 걸려 있지 않습니까?

➤➤ _____

**7.** 그녀는 원피스를 입고 있습니까 입고 있지 않습니까?

➤➤ _____

**8.** 벽에 사진이 붙어 있습니까 붙어 있지 않습니까?

➤➤ _____

**9.** 테이블 위에 컴퓨터가 놓여 있습니까 놓여 있지 않습니까?

➤➤ _____

**10.** 탁자 위에 우유가 놓여 있습니까 놓여 있지 않습니까?

➤➤ _____

## (4) 연동문에서의 지속형

 첫 번째 동사 뒤에 쓰여 두 번째 동사의 진행 모양이나 수단을 나타낸다.

| 주어 | 동사₁ | 着 | (목적어) | 동사₂ | (목적어) | 해석 |
|---|---|---|---|---|---|---|
| 他<br>Tā | 坐<br>zuò | 着<br>zhe | | 上<br>shàng | 课<br>kè | 그는 앉아서<br>수업을 한다. |
| 她<br>Tā | 站<br>zhàn | 着<br>zhe | | 写<br>xiě | 信<br>xìn | 그녀는 서서<br>편지를 쓴다. |
| 她<br>Tā | 躺<br>tǎng | 着<br>zhe | | 玩儿<br>wánr | 游戏<br>yóuxì | 그녀는 누워서<br>오락을 한다. |
| 他<br>Tā | 看<br>kàn | 着<br>zhe | 报<br>bào | 吃<br>chī | 饭<br>fàn | 그는 신문을 보면서<br>밥을 먹는다. |
| 他<br>Tā | 听<br>tīng | 着<br>zhe | 音乐<br>yīnyuè | 看<br>kàn | 书<br>shū | 그는 음악을 들으면서<br>책을 본다. |
| 她<br>Tā | 弹<br>tán | 着<br>zhe | 钢琴<br>gāngqín | 唱<br>chàng | 歌儿<br>gēr | 그녀는 피아노를 치면서<br>노래를 부른다. |
| 她<br>Tā | 骑<br>qí | 着<br>zhe | 自行车<br>zìxíngchē | 去<br>qù | 学校<br>xuéxiào | 그녀는 자전거를 타고<br>학교에 간다. |

## 확인학습 5

>>> 다음 문장을 중국어로 옮기시오.

1. 그는 앉아서 수업을 한다.

    >>> _____

2. 그녀는 서서 편지를 쓴다.

    >>> _____

3. 그녀는 누워서 오락을 한다.

    >>> _____

4. 그는 신문을 보면서 밥을 먹는다.

    >>> _____

5. 그는 음악을 들으면서 책을 본다.

    >>> _____

6. 그녀는 피아노를 치면서 노래를 부른다.

    >>> _____

7. 그녀는 자전거를 타고 학교에 간다.

    >>> _____

8. 언니는 음악을 들으면서 커피를 마신다.

    >>> _____

9. 여동생은 누워서 텔레비전을 본다.

    >>> _____

10. 오빠는 구두를 신고 산책을 한다.

    >>> _____

## 연습문제

### 1. 다음 문장을 해석하시오.

**1)** 她哭着。

≫ _____

**2)** 他笑着。

≫ _____

**3)** 她拿着书。

≫ _____

**4)** 他戴着帽子。

≫ _____

**5)** 桌子上放着一本书。

≫ _____

**6)** 墙上挂着一件衣服。

≫ _____

**7)** 她没(有)哭着。

≫ _____

**8)** 他没(有)笑着。

≫ _____

**9)** 她没(有)拿着书。

≫ _____

**10)** 他没(有)戴着帽子。

≫ _____

**11)** 桌子上没(有)放着书。

    ≫ _____

**12)** 墙上没(有)挂着衣服。

    ≫ _____

**13)** 她哭着吗?

    ≫ _____

**14)** 他笑着吗?

    ≫ _____

**15)** 她拿着书吗?

    ≫ _____

**16)** 他戴着帽子吗?

    ≫ _____

**17)** 桌子上放着书吗?

    ≫ _____

**18)** 墙上挂着衣服吗?

    ≫ _____

**19)** 她哭着没有?

    ≫ _____

**20)** 他笑着没有?

    ≫ _____

**21)** 她拿着书没有?

    ≫ _____

**22)** 他戴着帽子没有?

    ≫ _____

**23)** 桌子上放着书没有?

》 _____

**24)** 墙上挂着衣服没有?

》 _____

**25)** 他坐着上课。

》 _____

**26)** 她站着写信。

》 _____

**27)** 她躺着玩儿游戏。

》 _____

**28)** 他看着报吃饭。

》 _____

**29)** 他听着音乐看书。

》 _____

**30)** 她弹着钢琴唱歌儿。

》 _____

**31)** 她骑着自行车去学校。

》 _____

## 2. 괄호 안의 단어를 선택해서 다음 문장을 중국어로 옮기시오.

**1)** 그녀가 웃고 있다.

(着 / 她 / 笑)

》 _____

**2)** 나는 영화를 보고 있다.

(我 / 着 / 电影 / 看)

≫ _____

**3)** 책에 내 이름이 쓰여 있다.

(书上 / 的 / 名字 / 写 / 着 / 我)

≫ _____

**4)** 그녀는 잠자고 있지 않다.

(她 / 不 / 睡 / 没 / 着 / 有)

≫ _____

**5)** 탁자 위에는 물건이 놓여 있지 않다.

(桌子上 / 放 / 东西 / 不 / 着 / 没有)

≫ _____

**6)** 그녀는 무엇을 팔고 있나요?

(她 / 什么 / 着 / 卖)

≫ _____

**7)** 창문이 닫혀 있나요?

(窗户 / 不 / 着 / 没有 / 吗 / 关)

≫ _____

**8)** 그는 누워서 텔레비전을 본다.

(他 / 电视 / 躺 / 看 / 着)

≫ _____

**9)** 나는 걸어서 학교에 간다.

(我 / 去 / 学校 / 走 / 着)

≫ _____

**10)** 그는 웃으면서 이야기를 한다.

(他 / 着 / 笑 / 话 / 说)

》》 _____

## 3. 다음 문장을 중국어로 옮기시오.

**1)** 그는 편지를 쓰고 있다.

》》 _____

**2)** 엄마는 밥을 하고 있다.

》》 _____

**3)** 문이 열려 있다.

》》 _____

**4)** 그는 소파에 앉아 있다.

》》 _____

**5)** 환자는 침대에 누워 있다.

》》 _____

**6)** 벽에 지도가 걸려 있습니까?

》》 _____

**7)** 그들은 콜라를 마시면서 영화를 본다.

》》 _____

**8)** 선생님은 교단에 서있지 않습니다.

》》 _____

**9)** 그녀는 청바지를 입고 있다.

》》 _____

**10)** 우리는 앉아서 그를 기다린다.

》》 _____

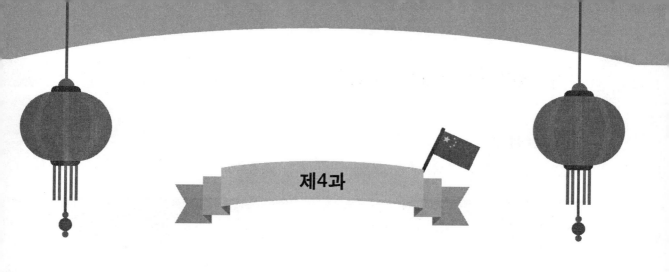

제4과

# 동작의 진행형

원포인트

'~하(고 있)는 중이다'라는 동작의 진행을 나타내고자 할 경우, 동사 앞에 시간부사 '正在, 正, 在' 중 하나를 쓰거나, 문장 끝에 진행을 나타내는 어기조사 '呢'를 쓴다. 이때 어기조사 '呢'는 단독으로 사용할 수도 있고, '正在, 正, 在'와 함께 쓸 수도 있다.

## (1) 긍정형

➡ 기본 어순은 '주어+(正在/正/在)+동사+목적어+(呢)'이다.

| 주어 | (正在/正/在) | 동사 | 목적어 | (呢) | 해석 |
|---|---|---|---|---|---|
| 他<br>Tā | 正在/正/在<br>zhèngzài/zhèng/zài | 吃<br>chī | 饭<br>fàn | 呢<br>ne | 그는 밥을<br>먹고 있는 중이다. |
| 他<br>Tā | 正在/正/在<br>zhèngzài/zhèng/zài | 看<br>kàn | 书<br>shū | 呢<br>ne | 그는 공부하고<br>있는 중이다. |
| 他<br>Tā | 正在/正/在<br>zhèngzài/zhèng/zài | 喝<br>hē | 茶<br>chá | 呢<br>ne | 그는 차를<br>마시고 있는 중이다. |
| 她<br>Tā | 正在/正/在<br>zhèngzài/zhèng/zài | 打<br>dǎ | 电话<br>diànhuà | 呢<br>ne | 그녀는 전화를<br>걸고 있는 중이다. |
| 她<br>Tā | 正在/正/在<br>zhèngzài/zhèng/zài | 看<br>kàn | 电影<br>diànyǐng | 呢<br>ne | 그녀는 영화를<br>보고 있는 중이다. |
| 她<br>Tā | 正在/正/在<br>zhèngzài/zhèng/zài | 写<br>xiě | 信<br>xìn | 呢<br>ne | 그녀는 편지를<br>쓰고 있는 중이다. |

## 확인학습 1

》》 다음 문장을 중국어로 옮기시오.

**1.** 그는 밥을 먹고 있는 중이다.

    》》 _____

**2.** 그는 공부하고 있는 중이다.

    》》 _____

**3.** 그는 차를 마시고 있는 중이다.

    》》 _____

**4.** 그녀는 전화를 걸고 있는 중이다.

    》》 _____

**5.** 그녀는 영화를 보고 있는 중이다.

    》》 _____

**6.** 그녀는 편지를 쓰고 있는 중이다.

    》》 _____

**7.** 그녀는 옷을 입고 있는 중이다.

    》》 _____

**8.** 그녀는 커피를 마시고 있는 중이다.

    》》 _____

**9.** 그는 숙제를 하고 있는 중이다.

    》》 _____

**10.** 언니는 청소를 하고 있는 중이다.

    》》 _____

## (2) 부정형

▶ 시간부사 '正在, 正, 在'를 빼고 그 자리에 '没(有)'를 붙인다.

| 주어 | 没(有) | 동사 | 목적어 | 呢 | 해석 |
|---|---|---|---|---|---|
| 他<br>Tā | 没(有)<br>méi(yǒu) | 吃<br>chī | 饭<br>fàn | 呢<br>ne | 그는 밥을<br>먹고 있지 않다. |
| 他<br>Tā | 没(有)<br>méi(yǒu) | 看<br>kàn | 书<br>shū | 呢<br>ne | 그는 공부를<br>하고 있지 않다. |
| 他<br>Tā | 没(有)<br>méi(yǒu) | 喝<br>hē | 茶<br>chá | 呢<br>ne | 그는 차를<br>마시고 있지 않다. |
| 她<br>Tā | 没(有)<br>méi(yǒu) | 打<br>dǎ | 电话<br>diànhuà | 呢<br>ne | 그녀는 전화를<br>걸고 있지 않다. |
| 她<br>Tā | 没(有)<br>méi(yǒu) | 看<br>kàn | 电影<br>diànyǐng | 呢<br>ne | 그녀는 영화를<br>보고 있지 않다. |
| 她<br>Tā | 没(有)<br>méi(yǒu) | 写<br>xiě | 信<br>xìn | 呢<br>ne | 그녀는 편지를<br>쓰고 있지 않다. |

## 확인학습 2

>>> 다음 문장을 중국어로 옮기시오.

**1.** 그는 밥을 먹고 있지 않다.

&gt;&gt;&gt; _____

**2.** 그는 공부를 하고 있지 않다.

&gt;&gt;&gt; _____

**3.** 그는 차를 마시고 있지 않다.

&gt;&gt;&gt; _____

**4.** 그녀는 전화를 걸고 있지 않다.

&gt;&gt;&gt; _____

**5.** 그녀는 영화를 보고 있지 않다.

&gt;&gt;&gt; _____

**6.** 그녀는 편지를 쓰고 있지 않다.

&gt;&gt;&gt; _____

**7.** 그녀는 옷을 입고 있지 않다.

&gt;&gt;&gt; _____

**8.** 그녀는 커피를 마시고 있지 않다.

&gt;&gt;&gt; _____

**9.** 그는 숙제를 하고 있지 않다.

&gt;&gt;&gt; _____

**10.** 언니는 청소를 하고 있지 않다.

&gt;&gt;&gt; _____

## (3) 의문문

**1) 평서문 끝의 어기조사 '呢'를 떼고 '吗'를 붙여서 의문문을 만들 수 있다.**

| 주어 | 正在/正/在 | 동사 | 목적어 | 吗 | 해석 |
|---|---|---|---|---|---|
| 他<br>Tā | 正在/正/在<br>zhèngzài/zhèng/zài | 吃<br>chī | 饭<br>fàn | 吗<br>ma | 그는 밥을<br>먹고 있는 중입니까? |
| 他<br>Tā | 正在/正/在<br>zhèngzài/zhèng/zài | 看<br>kàn | 书<br>shū | 吗<br>ma | 그는 공부를<br>하고 있는 중입니까? |
| 他<br>Tā | 正在/正/在<br>zhèngzài/zhèng/zài | 喝<br>hē | 茶<br>chá | 吗<br>ma | 그는 차를<br>마시고 있는 중입니까? |
| 她<br>Tā | 正在/正/在<br>zhèngzài/zhèng/zài | 打<br>dǎ | 电话<br>diànhuà | 吗<br>ma | 그녀는 전화를<br>걸고 있는 중입니까? |
| 她<br>Tā | 正在/正/在<br>zhèngzài/zhèng/zài | 看<br>kàn | 电影<br>diànyǐng | 吗<br>ma | 그녀는 영화를<br>보고 있는 중입니까? |
| 她<br>Tā | 正在/正/在<br>zhèngzài/zhèng/zài | 写<br>xiě | 信<br>xìn | 吗<br>ma | 그녀는 편지를<br>쓰고 있는 중입니까? |

## 확인학습 3

≫ 다음 문장을 중국어로 옮기시오.

**1.** 그는 밥을 먹고 있는 중입니까?

≫ _____

**2.** 그는 공부를 하고 있는 중입니까?

≫ _____

**3.** 그는 차를 마시고 있는 중입니까?

≫ _____

**4.** 그녀는 전화를 걸고 있는 중입니까?

≫ _____

**5.** 그녀는 영화를 보고 있는 중입니까?

≫ _____

**6.** 그녀는 편지를 쓰고 있는 중입니까?

≫ _____

**7.** 그녀는 옷을 입고 있는 중입니까?

≫ _____

**8.** 그녀는 커피를 마시고 있는 중입니까?

≫ _____

**9.** 그는 숙제를 하고 있는 중입니까?

≫ _____

**10.** 언니는 청소를 하고 있는 중입니까?

≫ _____

**2) 의문대명사 '什么'와 어기조사 '呢'를 써서 의문문을 만들 수도 있다.**

| 주어 | (正在/正/在) | 동사 | 什么 | 呢 | 해석 |
|---|---|---|---|---|---|
| 他<br>Tā | 正在/正/在<br>zhèngzài/zhèng/zài | 吃<br>chī | 什么<br>shénme | 呢<br>ne | 그는 무엇을 먹고 있는 중입니까? |
| 他<br>Tā | 正在/正/在<br>zhèngzài/zhèng/zài | 看<br>kàn | 什么<br>shénme | 呢<br>ne | 그는 무엇을 보고 있는 중입니까? |
| 他<br>Tā | 正在/正/在<br>zhèngzài/zhèng/zài | 喝<br>hē | 什么<br>shénme | 呢<br>ne | 그는 무엇을 마시고 있는 중입니까? |
| 她<br>Tā | 正在/正/在<br>zhèngzài/zhèng/zài | 画<br>huà | 什么<br>shénme | 呢<br>ne | 그녀는 무엇을 그리고 있는 중입니까? |
| 她<br>Tā | 正在/正/在<br>zhèngzài/zhèng/zài | 做<br>zuò | 什么<br>shénme | 呢<br>ne | 그녀는 무엇을 하고 있는 중입니까? |
| 她<br>Tā | 正在/正/在<br>zhèngzài/zhèng/zài | 写<br>xiě | 什么<br>shénme | 呢<br>ne | 그녀는 무엇을 쓰고 있는 중입니까? |

## 확인학습 4

≫≫ 다음 문장을 중국어로 옮기시오.

**1.** 그는 무엇을 먹고 있는 중입니까?

≫ _____

**2.** 그는 무엇을 보고 있는 중입니까?

≫ _____

**3.** 그는 무엇을 마시고 있는 중입니까?

≫ _____

**4.** 그녀는 무엇을 그리고 있는 중입니까?

≫ _____

**5.** 그녀는 무엇을 하고 있는 중입니까?

≫ _____

**6.** 그녀는 무엇을 쓰고 있는 중입니까?

≫ _____

**7.** 그녀는 무엇을 입고 있는 중입니까?

≫ _____

**8.** 그녀는 무엇을 빨고 있는 중입니까?

≫ _____

**9.** 그는 무엇을 닦고 있는 중입니까?

≫ _____

**10.** 언니는 무엇을 사고 있는 중입니까?

≫ _____

## 연습문제

1. 다음 문장을 해석하시오.

1) 他(正在/正/在)吃饭(呢)。

≫ _____

2) 他(正在/正/在)看书(呢)。

≫ _____

3) 他(正在/正/在)喝茶(呢)。

≫ _____

4) 她(正在/正/在)打电话(呢)。

≫ _____

5) 她(正在/正/在)看电影(呢)。

≫ _____

6) 她(正在/正/在)写信(呢)。

≫ _____

7) 他没(有)吃饭呢。

≫ _____

8) 他没(有)看书呢。

≫ _____

9) 他没(有)喝茶呢。

≫ _____

**10)** 她没(有)打电话呢。

》 _____

**11)** 她没(有)看电影呢。

》 _____

**12)** 她没(有)写信呢。

》 _____

**13)** 他正在(正/在)吃饭吗?

》 _____

**14)** 他正在(正/在)看书吗?

》 _____

**15)** 他正在(正/在)喝茶吗?

》 _____

**16)** 她正在(正/在)打电话吗?

》 _____

**17)** 她正在(正/在)看电影吗?

》 _____

**18)** 她正在(正/在)写信吗?

》 _____

**19)** 他(正在/正/在)吃什么呢?

》 _____

**20)** 他(正在/正/在)看什么呢?

》 _____

**21)** 他(正在/正/在)喝什么呢?

》 _____

22) 她(正在/正/在)画什么呢?

>>> _____

23) 她(正在/正/在)做什么呢?

>>> _____

24) 她(正在/正/在)写什么呢?

>>> _____


## 2. 괄호 안의 단어를 선택해서 다음 문장을 중국어로 옮기시오.

1) 그들은 텔레비전을 보고 있는 중이다.

(他们 / 电视 / 呢 / 正 / 在 / 看)

>>> _____

2) 그녀는 요리를 하고 있는 중이다.

(她 / 正 / 呢 / 做 / 菜 / 在)

>>> _____

3) 그들은 회의를 하고 있는 중이다.

(他们 / 会 / 开 / 呢 / 在)

>>> _____

4) 아이는 우유를 마시고 있는 중이다.

(孩子 / 喝 / 呢 / 牛奶 / 在)

>>> _____

5) 그는 전화하고 있는 중입니까?

(他 / 电话 / 吗 / 在 / 打 / 呢)

>>> _____

**6)** 그는 무엇을 보고 있는 중입니까?

(他 / 什么 / 呢 / 在 / 看)

》 _____

**7)** 방금 그를 만났을 때, 그는 빨래를 하고 있었다.

(我 / 时候 / 见 / 他 / 刚才 / 的 / 衣服 / 呢 / 在 / 洗)

》 _____

**8)** 어제 그의 집에 갔을 때, 아이가 울고 있었다.

(家 / 昨天 / 我 / 的 / 时候 / 去 / 他 / 在 / 哭 / 呢 / 孩子)

》 _____

**9)** 내년에 네가 다시 왔을 때, 그는 틀림없이 학생들을 가르치고 있을 것이다.

(明年 / 你 / 时候 / 再 / 的 / 来 / 在 / 教 / 他 / 会 / 一定 / 学生 / 呢)

》 _____

**10)** 모레 그녀가 집에 돌아갔을 때, 그녀의 어머니는 틀림없이 요리를 하고 있을 것이다.

(后天 / 时候 / 她 / 家 / 回 / 的 / 一定 / 会 / 妈妈 / 菜 / 呢 / 在 / 做)

》 _____

## 3. 다음 문장을 중국어로 옮기시오.

**1)** 그들은 회의를 하고 있는 중이다.

》 _____

**2)** 아버지는 주무시고 계시는 중이다.

》 _____

**3)** 모두가 당신을 기다리고 있는 중이다.

》 _____

**4)** 어제 오전 10시에 그는 영화를 보고 있었다.

>> _____

**5)** 언니는 텔레비전을 보지 않고, 책을 읽고 있다.

>> _____

**6)** 그들은 이야기를 하고 있는 중이다.

>> _____

**7)** 그녀는 친구와 전화를 하고 있는 중이다.

>> _____

**8)** 그녀가 왔을 때, 나는 옷을 갈아입는 중이었다.

>> _____

**9)** 샤오왕은 이 선생님과 만두를 빚고 있는 중이다.

>> _____

**10)** 밖에는 눈이 내리고 있다.

>> _____

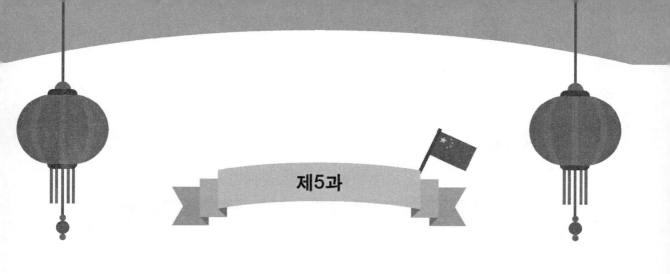

# 제5과

# 결과보어

보어는 동사나 형용사 뒤에서 동작이나 상태를 보충 설명해주는 역할을 하는 문장성분이다.

동작동사는 동작이나 행위 자체만을 나타낼 뿐, 동작의 결과까지 나타내지는 못한다. 따라서 동작의 구체적인 결과까지 나타내려면 동사 뒤에 결과를 보충 설명하는 결과보어를 써야 한다. 일반적으로 결과보어는 동사나 형용사로 충당된다.

동사와 결과보어는 아주 긴밀하게 결합되어 마치 하나의 단어처럼 쓰인다. 따라서 특별한 경우를 제외하고는 동사와 결과보어 사이에 다른 문장성분이 올 수 없다.

## (1) 긍정형

➡️ 기본 어순은 '주어+동사+결과보어+동태조사(了/过)'이다.

| 주어 | 동사 | 결과<br>보어 | 동태<br>조사 | 해석 |
|------|------|------|------|------|
| 他<br>Tā | 考<br>kǎo | 上<br>shàng | 过<br>guo | 그는 합격한 적이 있다. |
| 他<br>Tā | 看<br>kàn | 见<br>jiàn | 过<br>guo | 그는 본 적이 있다. |
| 他<br>Tā | 听<br>tīng | 见<br>jiàn | 过<br>guo | 그는 들어본 적이 있다. |
| 她<br>Tā | 吃<br>chī | 饱<br>bǎo | 了<br>le | 그녀는 배불리 먹었다. |
| 她<br>Tā | 做<br>zuò | 完<br>wán | 了<br>le | 그녀는 다 했다. |
| 她<br>Tā | 学<br>xué | 好<br>hǎo | 了<br>le | 그녀는 마스터했다. |

# 확인학습 1

>>> 다음 문장을 중국어로 옮기시오.

**1.** 그는 합격한 적이 있다.

>>> _____

**2.** 그는 본 적이 있다.

>>> _____

**3.** 그는 들어본 적이 있다.

>>> _____

**4.** 그녀는 배불리 먹었다.

>>> _____

**5.** 그녀는 다 했다.

>>> _____

**6.** 그녀는 마스터했다.

>>> _____

**7.** 그녀는 다 썼다.

>>> _____

**8.** 그는 잘 고쳤다.

>>> _____

**9.** 여동생은 깨끗하게 빨았다.

>>> _____

**10.** 그는 분명하게 봤다.

>>> _____

## (2) 결과보어구문에서 목적어의 위치

➡ 동사와 결과보어는 하나의 술어동사처럼 쓰이므로, 목적어는 결과보어 뒤에 써
야 한다.

| 주어 | 동사 | 결과<br>보어 | 목적어 | 동태<br>조사 | 해석 |
|---|---|---|---|---|---|
| 他<br>Tā | 考<br>kǎo | 上<br>shàng | 大学<br>dàxué | 了<br>le | 그는 대학에 합격했다. |
| 他<br>Tā | 找<br>zhǎo | 到<br>dào | 她<br>tā | 了<br>le | 그는 그녀를 찾았다. |
| 他<br>Tā | 听<br>tīng | 懂<br>dǒng | 英语<br>yīngyǔ | 了<br>le | 그는 영어를<br>듣고 이해했다. |
| 她<br>Tā | 吃<br>chī | 完<br>wán | 晚饭<br>wǎnfàn | 了<br>le | 그녀는 저녁밥을<br>다 먹었다. |
| 她<br>Tā | 做<br>zuò | 完<br>wán | 作业<br>zuòyè | 了<br>le | 그녀는 숙제를<br>다 했다. |
| 她<br>Tā | 学<br>xué | 好<br>hǎo | 汉语<br>hànyǔ | 了<br>le | 그녀는 중국어를<br>마스터했다. |

## 확인학습 2

**》》 다음 문장을 중국어로 옮기시오.**

**1.** 그는 대합에 합격했다.

》》 _____

**2.** 그는 그녀를 찾았다.

》》 _____

**3.** 그는 영어를 듣고 이해했다.

》》 _____

**4.** 그녀는 저녁밥을 다 먹었다.

》》 _____

**5.** 그녀는 숙제를 다 했다.

》》 _____

**6.** 그녀는 중국어를 마스터했다.

》》 _____

**7.** 그녀는 편지를 다 썼다.

》》 _____

**8.** 그는 냉장고를 잘 고쳤다.

》》 _____

**9.** 여동생은 옷을 깨끗하게 빨았다.

》》 _____

**10.** 그는 칠판 위의 글씨를 분명하게 봤다.

》》 _____

## (3) 부정형

➡ 동사 앞에 '没(有)'를 붙이고 동태조사 '了'를 뺀다.

| 주어 | 没(有) | 동사 | 결과 보어 | 목적어 | 해석 |
|---|---|---|---|---|---|
| 他<br>Tā | 没(有)<br>méi(yǒu) | 考<br>kǎo | 上<br>shàng | 大学<br>dàxué | 그는 대학에<br>합격하지 못 했다. |
| 他<br>Tā | 没(有)<br>méi(yǒu) | 找<br>zhǎo | 到<br>dào | 她<br>tā | 그는 그녀를<br>찾지 못 했다. |
| 他<br>Tā | 没(有)<br>méi(yǒu) | 听<br>tīng | 懂<br>dǒng | 英语<br>yīngyǔ | 그는 영어를<br>듣고 이해하지 못 했다. |
| 她<br>Tā | 没(有)<br>méi(yǒu) | 吃<br>chī | 完<br>wán | 晚饭<br>wǎnfàn | 그녀는 저녁밥을<br>다 먹지 못 했다. |
| 她<br>Tā | 没(有)<br>méi(yǒu) | 做<br>zuò | 完<br>wán | 作业<br>zuòyè | 그녀는 숙제를<br>다 하지 못 했다. |
| 她<br>Tā | 没(有)<br>méi(yǒu) | 学<br>xué | 好<br>hǎo | 汉语<br>hànyǔ | 그녀는 중국어를<br>마스터하지 못 했다. |

## 확인학습 3

>>> 다음 문장을 중국어로 옮기시오.

1. 그는 대학에 합격하지 못 했다.

    >>> _____

2. 그는 그녀를 찾지 못 했다.

    >>> _____

3. 그는 영어를 듣고 이해하지 못 했다.

    >>> _____

4. 그녀는 저녁밥을 다 먹지 못 했다.

    >>> _____

5. 그녀는 숙제를 다 하지 못 했다.

    >>> _____

6. 그녀는 중국어를 마스터하지 못 했다.

    >>> _____

7. 그녀는 편지를 다 쓰지 못 했다.

    >>> _____

8. 그는 냉장고를 잘 고치지 못 했다.

    >>> _____

9. 여동생은 옷을 깨끗하게 빨지 못 했다.

    >>> _____

10. 그는 칠판 위의 글씨를 분명하게 보지 못 했다.

    >>> _____

## (4) 의문문

**1) 평서문 끝에 '吗'를 붙여서 의문문을 만들 수 있다.**

| 주어 | 동사 | 결과<br>보어 | 목적어 | 동태<br>조사 | 吗 | 해석 |
|---|---|---|---|---|---|---|
| 他<br>Tā | 考<br>kǎo | 上<br>shàng | 大学<br>dàxué | 了<br>le | 吗<br>ma | 그는 대학에<br>합격했습니까? |
| 他<br>Tā | 找<br>zhǎo | 到<br>dào | 她<br>tā | 了<br>le | 吗<br>ma | 그는 그녀를<br>찾았습니까? |
| 他<br>Tā | 听<br>tīng | 懂<br>dǒng | 英语<br>yīngyǔ | 了<br>le | 吗<br>ma | 그는 영어를<br>듣고 이해했습니까? |
| 她<br>Tā | 吃<br>chī | 完<br>wán | 晚饭<br>wǎnfàn | 了<br>le | 吗<br>ma | 그녀는 저녁밥을<br>다 먹었습니까? |
| 她<br>Tā | 做<br>zuò | 完<br>wán | 作业<br>zuòyè | 了<br>le | 吗<br>ma | 그녀는 숙제를<br>다 했습니까? |
| 她<br>Tā | 学<br>xué | 好<br>hǎo | 汉语<br>hànyǔ | 了<br>le | 吗<br>ma | 그녀는 중국어를<br>마스터했습니까? |

## 확인학습 4

>>> 다음 문장을 중국어로 옮기시오.

1. 그는 대합에 합격했습니까?

>> _____

2. 그는 그녀를 찾았습니까?

>> _____

3. 그는 영어를 듣고 이해했습니까?

>> _____

4. 그녀는 저녁밥을 다 먹었습니까?

>> _____

5. 그녀는 숙제를 다 했습니까?

>> _____

6. 그녀는 중국어를 마스터했습니까?

>> _____

7. 그녀는 편지를 다 썼습니까?

>> _____

8. 그는 냉장고를 잘 고쳤습니까?

>> _____

9. 여동생은 옷을 깨끗하게 빨았습니까?

>> _____

10. 그는 칠판 위의 글씨를 분명하게 봤습니까?

>> _____

### 2) 평서문 끝에 '没有'를 붙여서 의문문을 만들 수도 있다.

| 주어 | 동사 | 결과<br>보어 | 목적어 | 동태<br>조사 | 没有 | 해석 |
|---|---|---|---|---|---|---|
| 他<br>Tā | 考<br>kǎo | 上<br>shàng | 大学<br>dàxué | 了<br>le | 没有<br>méiyǒu | 그는 대학에 합격했습니까<br>합격하지 못 했습니까? |
| 他<br>Tā | 找<br>zhǎo | 到<br>dào | 她<br>tā | 了<br>le | 没有<br>méiyǒu | 그는 그녀를 찾았습니까<br>찾지 못 했습니까? |
| 他<br>Tā | 听<br>tīng | 懂<br>dǒng | 英语<br>yīngyǔ | 了<br>le | 没有<br>méiyǒu | 그는 영어를 듣고 이해했습니까<br>이해하지 못 했습니까? |
| 她<br>Tā | 吃<br>chī | 完<br>wán | 晚饭<br>wǎnfàn | 了<br>le | 没有<br>méiyǒu | 그녀는 저녁밥을 다 먹었습니까<br>다 먹지 못 했습니까? |
| 她<br>Tā | 做<br>zuò | 完<br>wán | 作业<br>zuòyè | 了<br>le | 没有<br>méiyǒu | 그녀는 숙제를 다 했습니까<br>다 하지 못 했습니까? |
| 她<br>Tā | 学<br>xué | 好<br>hǎo | 汉语<br>hànyǔ | 了<br>le | 没有<br>méiyǒu | 그녀는 중국어를 마스터 했습니까<br>마스터하지 못 했습니까? |

## 확인학습 5

》》 다음 문장을 중국어로 옮기시오.

1. 그는 대합에 합격했습니까 합격하지 못 했습니까?

   》》 _____

2. 그는 그녀를 찾았습니까 찾지 못 했습니까?

   》》 _____

3. 그는 영어를 듣고 이해했습니까 이해하지 못 했습니까?

   》》 _____

4. 그녀는 저녁밥을 다 먹었습니까 다 먹지 못 했습니까?

   》》 _____

5. 그녀는 숙제를 다 했습니까 다 하지 못 했습니까?

   》》 _____

6. 그녀는 중국어를 마스터했습니까 마스터하지 못 했습니까?

   》》 _____

7. 그녀는 편지를 다 썼습니까 다 쓰지 못 했습니까?

   》》 _____

8. 그는 냉장고를 잘 고쳤습니까 잘 고치지 못 했습니까?

   》》 _____

9. 여동생은 옷을 깨끗하게 빨았습니까 깨끗하게 빨지 못 했습니까?

   》》 _____

10. 그는 칠판 위의 글씨를 분명하게 봤습니까 분명하게 보지 못 했습니까?

   》》 _____

### (5) 자주 쓰이는 결과보어

**1) 完** ➡ 동작이 끝까지 (다) 완성되었음을 나타낸다.

| 주어 | 동사 | 完 | (목적어) | 동태조사 | 해석 |
|------|------|------|--------|----------|------|
| 我<br>Wǒ | 唱<br>chàng | 完<br>wán | | 了<br>le | 나는 다 불렀다. |
| 他<br>Tā | 看<br>kàn | 完<br>wán | | 了<br>le | 그는 다 봤다. |

**2) 好** ➡ 동작의 결과가 원만하게 (잘) 이루어졌음을 나타낸다.

| 주어 | 동사 | 好 | (목적어) | 동태조사 | 해석 |
|------|------|------|--------|----------|------|
| 我<br>Wǒ | 睡<br>shuì | 好<br>hǎo | | 了<br>le | 나는 잘 잤다. |
| 我们<br>Wǒmen | 约<br>yuē | 好<br>hǎo | | 了<br>le | 우리는 약속을 확실하게 했다. |

3) 到 ➡ ① 동작이 일정한 정도나 결과에 도달했음을 나타낸다.

| 주어 | 동사 | 到 | (목적어) | 동태 조사 | 해석 |
|---|---|---|---|---|---|
| 我们<br>Wǒmen | 学<br>xué | 到<br>dào | 第十课<br>dì shí kè | 了<br>le | 우리는 10과까지 배웠다. |
| 我们<br>Wǒmen | 走<br>zǒu | 到<br>dào | 天安门<br>Tiān'ānmén | 了<br>le | 우리는 천안문까지 걸어갔다. |

到 ➡ ② 목적을 달성했음을 나타낸다.

| 주어 | 동사 | 到 | (목적어) | 동태 조사 | 해석 |
|---|---|---|---|---|---|
| 火车票<br>Huǒchēpiào | 买<br>mǎi | 到<br>dào | | 了<br>le | 기차표를 샀다. |
| 我们<br>Wǒmen | 找<br>zhǎo | 到<br>dào | 她<br>tā | 了<br>le | 우리는 그녀를 찾았다. |

**4) 见** ➡ 동작의 결과 감지(感知)되었음을 나타낸다.

주로 감각동사 '看, 听, 闻' 뒤에 쓰인다.

| 주어 | 동사 | 见 | 동태조사 | (목적어) | 해석 |
|---|---|---|---|---|---|
| 我<br>Wǒ | 听<br>tīng | 见<br>jiàn | 了<br>le | 她叫我的声音<br>tā jiào wǒ de shēngyīn | 나는 그녀가 나를 부르는 소리를 들었다. |
| 我们<br>Wǒmen | 闻<br>wén | 见<br>jiàn | 了<br>le | 那朵花的香味(儿)<br>nà duǒ huā de xiāngwèi(r) | 그녀는 그 꽃의 향기를 맡았다. |

**5) 住** ➡ 동작을 통해 확실하고 안정된 상태가 되었음을 나타낸다.

| 주어 | 동사 | 住 | 동태조사 | (목적어) | 해석 |
|---|---|---|---|---|---|
| 汽车<br>Qìchē | 停<br>tíng | 住<br>zhù | 了<br>le | | 자동차가 멈췄다. |
| 警察<br>Jǐngchá | 抓<br>zhuā | 住<br>zhù | 了<br>le | 那个小偷<br>nà ge xiǎotōu | 경찰이 그 좀도둑을 체포했다. |

**6) 懂** ➡ 동작을 통해 알게 되었음을 나타낸다.

| 주어 | 동사 | 懂 | 동태조사 | (목적어) | 해석 |
|------|------|------|------|------|------|
| 我<br>Wǒ | 看<br>kàn | 懂<br>dǒng | 了<br>le | 这幅画的意思<br>zhè fú huà de yìsi | 나는 이 그림의 의미를 이해했다. |
| 我<br>Wǒ | 听<br>tīng | 懂<br>dǒng | 了<br>le | 老师的话<br>lǎoshī de huà | 나는 선생님의 말을 알아들었다. |

**7) 会** ➡ 동작을 통해 할 수 있게 되었음을 나타낸다.

| 주어 | 동사 | 会 | (목적어) | 동태조사 | 해석 |
|------|------|------|------|------|------|
| 我<br>Wǒ | 学<br>xué | 会<br>huì | 汉语<br>hànyǔ | 了<br>le | 나는 중국어를 (배워서) 할 수 있게 되었다. |
| 我<br>Wǒ | 练<br>liàn | 会<br>huì | 太极拳<br>tàijíquán | 了<br>le | 나는 태극권을 (연마해서) 할 수 있게 되었다. |

**8) 在** ➡ 동작의 결과 어느 장소에 정착되었음을 나타낸다.

| 주어 | 동사 | 在 | (목적어) | 해석 |
|------|------|------|------|------|
| 我<br>Wǒ | 住<br>zhù | 在<br>zài | 七楼<br>qī lóu | 나는 7층에 산다. |
| 他<br>Tā | 坐<br>zuò | 在<br>zài | 我身边<br>wǒ shēnbiān | 그는 내 옆에 앉아있다. |

**9) 清楚** ➡ 동작이 분명하게 이루어졌음을 나타낸다.

| 주어 | 동사 | 清楚 | 동태<br>조사 | 해석 |
|------|------|------|------|------|
| 我<br>Wǒ | 听<br>tīng | 清楚<br>qīngchu | 了<br>le | 나는 똑똑히 들었다. |
| 我<br>Wǒ | 说<br>shuō | 清楚<br>qīngchu | 了<br>le | 나는 분명하게 말했다. |

**10) 着** ➡ 동작이 이미 실현되었거나 목적을 달성했음을 나타낸다.

| 주어 | 동사 | 着 | (목적어) | 동태<br>조사 | 해석 |
|---|---|---|---|---|---|
| 这个孩子<br>Zhè ge háizi | 睡<br>shuì | 着<br>zháo | | 了<br>le | 이 아이는 잠들었다. |
| 我们<br>Wǒmen | 找<br>zhǎo | 着<br>zháo | 她<br>tā | 了<br>le | 우리는 그녀를 찾아냈다. |

**11) 上** ➡ 동작을 통해 접착되거나 결합되었음을 나타낸다.

| 주어 | 동사 | 上 | (목적어) | 동태<br>조사 | 해석 |
|---|---|---|---|---|---|
| 他<br>Tā | 考<br>kǎo | 上<br>shàng | 大学<br>dàxué | 了<br>le | 그는 대학에 합격했다. |
| 她<br>Tā | 闭<br>bì | 上<br>shàng | 眼睛<br>yǎnjing | 了<br>le | 그녀는 눈을 감았다 |

**12) 开** ➡ 동작을 통해 원래의 자리에서 분리되거나 닫힌 상태에서 열린 상태로 개방됨을 나타낸다.

| 주어 | 把 | 목적어 | 동사 | 开 | 동태조사 | 해석 |
|---|---|---|---|---|---|---|
| 她<br>Tā | 把<br>bǎ | 窗户<br>chuānghu | 打<br>dǎ | 开<br>kāi | 了<br>le | 그녀는 창문을 열었다. |
| 他<br>Tā | 把<br>bǎ | 雨伞<br>yǔsǎn | 打<br>dǎ | 开<br>kāi | 了<br>le | 그는 우산을 폈다. |

**13) 对** ➡ 동작이 바르게 되었음을 나타낸다.

| 주어 | 동사 | 对 | 동태조사 | (목적어) | 해석 |
|---|---|---|---|---|---|
| 你<br>Nǐ | 说<br>shuō | 对<br>duì | 了<br>le | | 너는 맞게 말했다. |
| 这个孩子<br>Zhè ge háizi | 念<br>niàn | 对<br>duì | 了<br>le | 这个字<br>zhè ge zì | 이 아이는 이 글자를 맞게 읽었다. |

**14) 错** ➡️ 동작이 잘못 되었음을 나타낸다.

| 주어 | 동사 | 错 | 동태조사 | (목적어) | 해석 |
|---|---|---|---|---|---|
| 你<br>Nǐ | 写<br>xiě | 错<br>cuò | 了<br>le | | 너는 잘못 썼다. |
| 这个孩子<br>Zhè ge háizi | 念<br>niàn | 错<br>cuò | 了<br>le | 这个汉字<br>zhè ge hànzì | 이 아이는 이 한자를 잘못 읽었다. |

**15) 走** ➡️ 동작을 통해 원래의 위치에서 벗어남을 나타낸다.

| 주어 | 동사 | 走 | 동태조사 | (목적어) | 해석 |
|---|---|---|---|---|---|
| 他<br>Tā | 搬<br>bān | 走<br>zǒu | 了<br>le | | 그는 이사갔다. |
| 他<br>Tā | 拿<br>ná | 走<br>zǒu | 了<br>le | 我的词典<br>wǒ de cídiǎn | 그가 내 사전을 가지고 갔다. |

**16) 掉** ➡ 동작을 통해 있던 것이 없어짐을 나타낸다.

| 주어 | 동사 | 掉 | 동태<br>조사 | 목적어 | 해석 |
|---|---|---|---|---|---|
| 我<br>Wǒ | 改<br>gǎi | 掉<br>diào | 了<br>le | 坏习惯<br>huàixíguàn | 나는 나쁜 습관을<br>고쳤다. |
| 老师<br>lǎoshī | 擦<br>cā | 掉<br>diào | 了<br>le | 黑板上的字<br>hēibǎn shàng de zì | 선생님은 칠판 위의<br>글자를 지우셨다. |

## 연습문제

**1. 다음 문장을 해석하시오.**

**1)** 他考上过。

≫ _____

**2)** 他看见过。

≫ _____

**3)** 他听见过。

≫ _____

**4)** 她吃饱了。

≫ _____

**5)** 她做完了。

≫ _____

**6)** 她学好了。

≫ _____

**7)** 他考上大学了。

≫ _____

**8)** 他找到她了。

≫ _____

**9)** 他听懂英语了。

≫ _____

**10)** 她吃完晚饭了。

　　》》》 _____

**11)** 她做完作业了。

　　》》》 _____

**12)** 她学好汉语了。

　　》》》 _____

**13)** 他没(有)考上大学。

　　》》》 _____

**14)** 他没(有)找到她。

　　》》》 _____

**15)** 他没(有)听懂英语。

　　》》》 _____

**16)** 她没(有)吃完晚饭。

　　》》》 _____

**17)** 她没(有)做完作业。

　　》》》 _____

**18)** 她没(有)学好汉语。

　　》》》 _____

**19)** 他考上大学了吗?

　　》》》 _____

**20)** 他找到她了吗?

　　》》》 _____

**21)** 他听懂英语了吗?

　　》》》 _____

22) 她吃完晚饭了吗?

　》》　_____

23) 她做完作业了吗?

　》》　_____

24) 她学好汉语了吗?

　》》　_____

25) 他考上大学了没有?

　》》　_____

26) 他找到她了没有?

　》》　_____

27) 他听懂英语了没有?

　》》　_____

28) 她吃完晚饭了没有?

　》》　_____

29) 她做完作业了没有?

　》》　_____

30) 她学好汉语了没有?

　》》　_____

31) 我唱完了。

　》》　_____

32) 他看完了。

　》》　_____

33) 我睡好了。

　》》　_____

34) 我们约好了。

   》 _____

35) 我们学到第十课了。

   》 _____

36) 我们走到天安门了。

   》 _____

37) 火车票买到了。

   》 _____

38) 我们找到她了。

   》 _____

39) 我听见了她叫我的声音。

   》 _____

40) 我们闻见了那朵花的香味(儿)。

   》 _____

41) 汽车停住了。

   》 _____

42) 警察抓住了那个小偷。

   》 _____

43) 我看懂了这幅画的意思。

   》 _____

44) 我听懂了老师的话。

   》 _____

45) 我学会汉语了。

   》 _____

46) 我练会太极拳了。

   》》 _____

47) 我住在七楼。

   》》 _____

48) 他坐在我身边。

   》》 _____

49) 我听清楚了。

   》》 _____

50) 我说清楚了。

   》》 _____

51) 这个孩子睡着了。

   》》 _____

52) 我们找着她了。

   》》 _____

53) 他考上大学了。

   》》 _____

54) 她闭上眼睛了。

   》》 _____

55) 她把窗户打开了。

   》》 _____

56) 他把雨伞打开了。

   》》 _____

57) 你说对了。

   》》 _____

**58)** 这个孩子念对了这个字。

>> _____

**59)** 你写错了。

>> _____

**60)** 这个孩子念错了这个汉字。

>> _____

**61)** 他搬走了。

>> _____

**62)** 他拿走了我的词典。

>> _____

**63)** 我改掉了坏习惯。

>> _____

**64)** 老师擦掉了黑板上的字。

>> _____

## 2. 괄호 안의 단어를 선택해서 다음 문장을 중국어로 옮기시오.

**1)** 그녀는 시험에 합격했다.

(她 / 上 / 考 / 了)

>> _____

**2)** 그는 맞게 썼다.

(他 / 对 / 了 / 写)

>> _____

**3)** 나는 편지를 다 썼다.

(我 / 写 / 了 / 信 / 完)

>> _____

**4)** 내가 사려던 물건은 모두 다 샀다.

(我 / 买 / 都 / 要 / 东西 / 的 / 了 / 完)

》_____

**5)** 내가 쓴 글자를 그는 모두 알아봤다.

(我 / 的 / 都 / 懂 / 字 / 看 / 写 / 他 / 了)

》_____

**6)** 너는 숙제를 다 하지 않고는 나가서 놀 수 없다.

(你 / 作业 / 就 / 做 / 可以 / 玩儿 / 完 / 不 / 出去)

》_____

**7)** 너 옷 다 빨았니?

(你 / 完 / 洗 / 了 / 衣服 / 吗)

》_____

**8)** 너 식사 다 했니 안 했니?

(你 / 完 / 饭 / 没有 / 不 / 吃 / 了)

》_____

**9)** 나는 배우기는 했지만 할 줄은 모른다.

(我 / 没有 / 学 / 不 / 会 / 了 / 可是)

》_____

**10)** 그녀는 시험은 봤지만 합격하지는 못했다.

(她 / 没有 / 考 / 上 / 不 / 了 / 可是)

》_____

### 3. 적절한 결과보어를 골라 괄호 안에 넣으시오.

> 掉, 到, 开, 对, 完, 见, 错, 走,
> 懂, 住, 清楚, 会, 在, 着, 上, 好

1) 나는 선생님이 교실로 걸어 들어오는 걸 봤다.

> ≫ 我看(　　)老师走进教室来了。

2) 자전거는 잘 고쳤다.

> ≫ 自行车修(　　)了。

3) 여러분 제 이름을 기억해주세요.

> ≫ 请大家记(　　)我的名字。

4) 나는 수영을 할 수 있게 되었다.

> ≫ 我学(　　)游泳了。

5) 나는 다 처리했다.

> ≫ 我办(　　)了。

6) 나는 여기까지 봤다.

> ≫ 我看(　　)这儿了。

7) 그녀는 한국어를 알아들었다.

> ≫ 她听(　　)韩语了。

8) 방금 아이를 찾았다.

> ≫ 刚才找(　　)孩子了。

9) 그들 두 사람은 헤어졌다.

> ≫ 他们俩分(　　)了。

**10)** 죄송합니다. 잘못 알아봤습니다.

>>> 对不起, 我认(　　　)了。

**11)** 아이가 과일껍질을 버렸다.

>>> 孩子扔(　　　)了果皮。

**12)** 그녀는 올해 대학에 합격했다.

>>> 她今年考(　　　)大学了。

**13)** 나는 그 옷을 샀다.

>>> 我买(　　　)了那件衣服。

**14)** 그가 내 차를 빌려 갔다.

>>> 他借(　　　)了我的车。

**15)** 네가 번역을 맞게 했다.

>>> 你翻译(　　　)了。

**16)** 어제 일은 내가 모두 똑똑히 봤다.

>>> 昨天的事我都看(　　　)了。

**17)** 자전거는 여기에 세우세요.

>>> 自行车停(　　　)这儿吧。

## 4. 다음 문장을 중국어로 옮기시오.

**1)** 그는 자전거를 탈 줄 알게 되었다.

>>> _____

**2)** 그의 전화번호를 나는 (잘) 기억해두었다.

>>> _____

**3)** 샤오왕은 아직 그 소설책을 빌리지 못했다.

>>> _____

**4)** 그녀는 아직 그 책을 다 읽지 못했다

》 _____

**5)** 그는 내 여권을 찾아냈다.

》 _____

**6)** 나는 그녀의 이름을 잘못 말하지 않았다.

》 _____

**7)** 오늘 그녀를 봤어 못 봤어?

》 _____

**8)** 제가 분명히 듣지 못 했습니다. 다시 한 번 말씀해주세요.

》 _____

**9)** 나는 이 한자를 틀리게 쓴 적이 없다.

》 _____

**10)** 이 영화를 나는 이해하지 못 했다.

》 _____

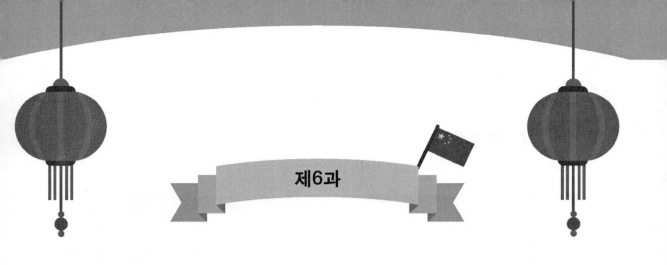

# 제6과

# 방향보어

**원포인트**

　방향보어는 동사 뒤에서 동작이나 행위의 구체적인 방향을 보충 설명해주는 보어로 '단순방향보어'와 '복합방향보어'가 있다.

　단순방향보어는 말하는 사람을 기준으로 동작이 진행되는 방향을 보충 설명해주는 '来'와 '去'가 있다. '来'는 어떤 동작이 말하는 사람 쪽으로 진행될 때 사용하고, '去'는 말하는 사람으로부터 멀어질 때 사용한다.

## (1) 단순방향보어

➡️ 동작의 진행방향에 따라 동사 뒤에 단순방향보어 '来', '去'를 붙인다.

| 주어 | 동사 | 단순<br>방향보어 | 해석 |
|---|---|---|---|
| 他<br>Tā | 进<br>jìn | 来<br>lái | 그가 들어온다. |
| 他<br>Tā | 回<br>huí | 来<br>lái | 그가 돌아온다. |
| 他<br>Tā | 出<br>chū | 来<br>lái | 그가 나온다. |
| 她<br>Tā | 进<br>jìn | 去<br>qù | 그녀가 들어간다. |
| 她<br>Tā | 出<br>chū | 去<br>qù | 그녀가 나간다. |
| 她<br>Tā | 上<br>shàng | 去<br>qù | 그녀가 올라간다. |

## (2) 단순방향보어구문에서 목적어의 위치

1) 일반 사물 목적어인 경우, 동사와 단순방향보어 사이에 쓸 수도 있고, 단순방향보어 뒤에 쓸 수도 있다.

| 주어 | 동사 | 사물 목적어 | 단순 방향보어 | 해석 |
|---|---|---|---|---|
| 他<br>Tā | 带<br>dài | 书<br>shū | 来<br>lái | 그는 책을 가지고 온다. |
| 他<br>Tā | 买<br>mǎi | 水果<br>shuǐguǒ | 来<br>lái | 그는 과일을 사온다. |
| 她<br>Tā | 借<br>jiè | 杂志<br>zázhì | 去<br>qù | 그녀는 잡지를 빌려 간다. |

| 주어 | 동사 | 단순 방향보어 | 사물 목적어 | 해석 |
|---|---|---|---|---|
| 他<br>Tā | 带<br>dài | 来<br>lái | 书<br>shū | 그는 책을 가지고 온다. |
| 他<br>Tā | 买<br>mǎi | 来<br>lái | 水果<br>shuǐguǒ | 그는 과일을 사온다. |
| 她<br>Tā | 借<br>jiè | 去<br>qù | 杂志<br>zázhì | 그녀는 잡지를 빌려 간다. |

## 확인학습 1

>>> 다음 문장을 중국어로 옮기시오.

**1.** 그는 책을 가지고 온다.

>> _____

**2.** 그는 과일을 사온다.

>> _____

**3.** 그녀는 잡지를 빌려 간다.

>> _____

**4.** 그는 테이블을 옮겨간다.

>> _____

**5.** 그는 휴대폰을 가지고 온다.

>> _____

**6.** 그는 책을 가지고 간다.

>> _____

**7.** 그는 과일을 사간다.

>> _____

**8.** 그녀는 잡지를 빌려 온다.

>> _____

**9.** 그는 테이블을 옮겨온다.

>> _____

**10.** 그는 휴대폰을 가지고 간다.

>> _____

2) 장소 목적어인 경우, 반드시 동사와 단순방향보어 사이에 쓴다.

| 주어 | 동사 | 장소<br>목적어 | 단순<br>방향보어 | 해석 |
|---|---|---|---|---|
| 他<br>Tā | 进<br>jìn | 教室<br>jiàoshì | 来<br>lái | 그가 교실로 들어온다. |
| 他<br>Tā | 回<br>huí | 宿舍<br>sùshè | 来<br>lái | 그가 기숙사 돌아온다. |
| 他<br>Tā | 上<br>shàng | 山<br>shān | 来<br>lái | 그가 산을 올라온다. |
| 她<br>Tā | 进<br>jìn | 宿舍<br>sùshè | 去<br>qù | 그녀가 기숙사로<br>들어간다. |
| 她<br>Tā | 回<br>huí | 教室<br>jiàoshì | 去<br>qù | 그녀가 교실로<br>돌아간다. |
| 她<br>Tā | 下<br>xià | 山<br>shān | 去<br>qù | 그녀가 산을 내려간다. |

## 확인학습 2

>>> **다음 문장을 중국어로 옮기시오.**

**1.** 그가 교실로 들어온다.

>> _____

**2.** 그가 기숙사 돌아온다.

>> _____

**3.** 그가 산을 올라온다.

>> _____

**4.** 그녀가 교실로 돌아온다.

>> _____

**5.** 그녀가 은행으로 뛰어간다.

>> _____

**6.** 그가 교실로 들어간다.

>> _____

**7.** 그가 기숙사 돌아간다.

>> _____

**8.** 그가 산을 내려간다.

>> _____

**9.** 그녀가 교실을 나온다.

>> _____

**10.** 그녀가 은행으로 뛰어온다.

>> _____

**(3) 목적어를 갖는 단순방향보어구문에서 동작의 완료를 나타내는 가장 일반적인 방법은 방향보어 뒤에 동태조사 '了'를 붙이는 것이다.**

**1) 일반 사물 목적어인 경우**

➡ 동사와 단순방향보어 사이에 쓸 수도 있고, 단순방향보어 뒤에 쓸 수도 있다.

| 주어 | 동사 | 사물 목적어 | 단순 방향보어 | 了 | 해석 |
|---|---|---|---|---|---|
| 他 Tā | 带 dài | 书 shū | 来 lái | 了 le | 그는 책을 가지고 왔다. |
| 他 Tā | 买 mǎi | 水果 shuǐguǒ | 来 lái | 了 le | 그는 과일을 사왔다. |
| 她 Tā | 借 jiè | 杂志 zázhì | 去 qù | 了 le | 그녀는 잡지를 빌려갔다. |

| 주어 | 동사 | 단순 방향보어 | 了 | 사물 목적어 | 해석 |
|---|---|---|---|---|---|
| 他 Tā | 带 dài | 来 lái | 了 le | 一本书 yī běn shū | 그는 책 한 권을 가지고 왔다. |
| 他 Tā | 买 mǎi | 来 lái | 了 le | 一些水果 yīxiē shuǐguǒ | 그는 약간의 과일을 사왔다. |
| 她 Tā | 借 jiè | 去 qù | 了 le | 一本杂志 yī běn zázhì | 그녀는 잡지 한 권을 빌려갔다. |

## 확인학습 3

>>> **다음 문장을 중국어로 옮기시오.**

1. 그는 책을 가지고 왔다.

   >>> _____

2. 그는 과일을 사왔다.

   >>> _____

3. 그녀는 잡지를 빌려갔다.

   >>> _____

4. 그는 테이블을 옮겨갔다.

   >>> _____

5. 그는 휴대폰을 가지고 왔다.

   >>> _____

6. 그는 책 한 권을 가지고 갔다.

   >>> _____

7. 그는 약간의 과일을 사갔다.

   >>> _____

8. 그녀는 잡지 한 권을 빌려왔다.

   >>> _____

9. 그는 테이블 하나를 옮겨왔다.

   >>> _____

10. 그는 휴대폰 한 대를 가지고 갔다.

   >>> _____

## 2) 장소 목적어인 경우

➡ 반드시 동사와 단순방향보어 사이에 쓴다.

| 주어 | 동사 | 장소<br>목적어 | 단순<br>방향보어 | 了 | 해석 |
|---|---|---|---|---|---|
| 他<br>Tā | 进<br>jìn | 教室<br>jiàoshì | 来<br>lái | 了<br>le | 그가 교실로 들어왔다. |
| 他<br>Tā | 回<br>huí | 宿舍<br>sùshè | 来<br>lái | 了<br>le | 그가 기숙사 돌아왔다. |
| 他<br>Tā | 上<br>shàng | 山<br>shān | 来<br>lái | 了<br>le | 그가 산을 올라왔다. |
| 她<br>Tā | 进<br>jìn | 宿舍<br>sùshè | 去<br>qù | 了<br>le | 그녀가 기숙사로<br>들어갔다. |
| 她<br>Tā | 回<br>huí | 教室<br>jiàoshì | 去<br>qù | 了<br>le | 그녀가 교실로<br>돌아갔다. |
| 她<br>Tā | 下<br>xià | 山<br>shān | 去<br>qù | 了<br>le | 그녀가 산을<br>내려갔다. |

# 확인학습 4

≫ 다음 문장을 중국어로 옮기시오.

1. 그가 교실로 들어왔다.

   ≫ _____

2. 그가 기숙사 돌아왔다.

   ≫ _____

3. 그가 산을 올라왔다.

   ≫ _____

4. 그녀가 교실을 나갔다.

   ≫ _____

5. 그녀가 은행으로 뛰어갔다.

   ≫ _____

6. 그가 교실로 들어갔다.

   ≫ _____

7. 그가 기숙사 돌아갔다.

   ≫ _____

8. 그가 산을 내려갔다.

   ≫ _____

9. 그녀가 교실로 돌아갔다.

   ≫ _____

10. 그녀가 은행으로 뛰어왔다.

    ≫ _____

## (4) 부정형

➡ 동사 앞에 '没(有)'를 붙인다.

| 주어 | 没(有) | 동사 | 사물 목적어 | 단순 방향보어 | 해석 |
|---|---|---|---|---|---|
| 他 Tā | 没(有) méi(yǒu) | 带 dài | 书 shū | 来 lái | 그는 책을 가지고 오지 않았다. |
| 他 Tā | 没(有) méi(yǒu) | 买 mǎi | 水果 shuǐguǒ | 来 lái | 그는 과일을 사오지 않았다. |
| 她 Tā | 没(有) méi(yǒu) | 借 jiè | 杂志 zázhì | 去 qù | 그녀는 잡지를 빌려가지 않았다. |

| 주어 | 没(有) | 동사 | 단순 방향보어 | 사물 목적어 | 해석 |
|---|---|---|---|---|---|
| 他 Tā | 没(有) méi(yǒu) | 带 dài | 来 lái | 书 shū | 그는 책을 가지고 오지 않았다. |
| 他 Tā | 没(有) méi(yǒu) | 买 mǎi | 来 lái | 水果 shuǐguǒ | 그는 과일을 사오지 않았다. |
| 她 Tā | 没(有) méi(yǒu) | 借 jiè | 去 qù | 杂志 zázhì | 그녀는 잡지를 빌려가지 않았다. |

## 확인학습 5

>>> 다음 문장을 중국어로 옮기시오.

**1.** 그는 책을 가지고 오지 않았다.

>>> _____

**2.** 그는 과일을 사오지 않았다.

>>> _____

**3.** 그녀는 잡지를 빌려가지 않았다.

>>> _____

**4.** 그는 테이블을 옮겨가지 않았다.

>>> _____

**5.** 그는 휴대폰을 가지고 오지 않았다.

>>> _____

**6.** 그는 책을 가지고 가지 않았다.

>>> _____

**7.** 그는 과일을 사가지 않았다.

>>> _____

**8.** 그녀는 잡지를 빌려오지 않았다.

>>> _____

**9.** 그는 테이블을 옮겨오지 않았다.

>>> _____

**10.** 그는 휴대폰을 가지고 가지 않았다.

>>> _____

| 주어 | 没(有) | 동사 | 장소<br>목적어 | 단순<br>방향보어 | 해석 |
|---|---|---|---|---|---|
| 他<br>Tā | 没(有)<br>méi(yǒu) | 进<br>jìn | 教室<br>jiàoshì | 来<br>lái | 그는 교실로<br>들어오지 않았다. |
| 他<br>Tā | 没(有)<br>méi(yǒu) | 回<br>huí | 宿舍<br>sùshè | 来<br>lái | 그는 기숙사<br>돌아오지 않았다. |
| 他<br>Tā | 没(有)<br>méi(yǒu) | 上<br>shàng | 山<br>shān | 来<br>lái | 그는 산을<br>올라오지 않았다. |
| 她<br>Tā | 没(有)<br>méi(yǒu) | 进<br>jìn | 宿舍<br>sùshè | 去<br>qù | 그녀는 기숙사로<br>들어가지 않았다. |
| 她<br>Tā | 没(有)<br>méi(yǒu) | 回<br>huí | 教室<br>jiàoshì | 去<br>qù | 그녀는 교실로<br>돌아가지 않았다. |
| 她<br>Tā | 没(有)<br>méi(yǒu) | 下<br>xià | 山<br>shān | 去<br>qù | 그녀는 산을<br>내려가지 않았다. |

## 확인학습 6

》》 다음 문장을 중국어로 옮기시오.

**1.** 그는 교실로 들어오지 않았다.

》》 _____

**2.** 그는 기숙사 돌아오지 않았다.

》》 _____

**3.** 그는 산을 올라오지 않았다.

》》 _____

**4.** 그녀는 교실을 나가지 않았다.

》》 _____

**5.** 그녀는 은행으로 뛰어가지 않았다.

》》 _____

**6.** 그는 교실로 들어가지 않았다.

》》 _____

**7.** 그는 기숙사 돌아가지 않았다.

》》 _____

**8.** 그녀는 산을 내려가지 않았다.

》》 _____

**9.** 그녀는 교실로 돌아가지 않았다.

》》 _____

**10.** 그녀는 은행으로 뛰어오지 않았다.

》》 _____

## (5) 복합방향보어

➡️ 단순반향보어는 동작의 진행 방향만을 보충 설명한다. 따라서 동작의 진행 방향에 공간적인 이동까지 곁들여 설명하고자 할 경우에는 복합방향보어를 사용해야 한다. 복합방향보어는 공간적인 이동의 결과를 나타내는 동사 '上, 下, 进, 出, 回, 过, 开, 起'와 단순반향보어 '来', '去'의 결합으로 구성되어 있다.

| | 上 | 下 | 进 | 出 | 回 | 过 | 开 | 起 |
|---|---|---|---|---|---|---|---|---|
| 来 | 上来 | 下来 | 进来 | 出来 | 回来 | 过来 | 开来 | 起来 |
| 去 | 上去 | 下去 | 进去 | 出去 | 回去 | 过去 | 开去 | · |

➡️ 기본 어순은 '주어+동사+복합방향보어'이다.

| 주어 | 동사 | 복합방향보어 | | 해석 |
|---|---|---|---|---|
| 他<br>Tā | 走<br>zǒu | 进<br>jìn | 来<br>lái | 그가 걸어 들어온다. |
| 他<br>Tā | 走<br>zǒu | 回<br>huí | 来<br>lái | 그가 걸어 돌아온다. |
| 他<br>Tā | 走<br>zǒu | 出<br>chū | 来<br>lái | 그가 걸어 나온다. |
| 她<br>Tā | 跑<br>pǎo | 进<br>jìn | 去<br>qù | 그녀가 뛰어 들어간다. |
| 她<br>Tā | 跑<br>pǎo | 出<br>chū | 去<br>qù | 그녀가 뛰어 나간다. |
| 她<br>Tā | 跑<br>pǎo | 上<br>shàng | 去<br>qù | 그녀가 뛰어 올라간다. |

## (6) 복합방향보어구문에서 목적어의 위치

**1) 일반 사물 목적어인 경우, '来'나 '去'의 앞에 쓸 수도 있고, 뒤에 쓸 수도 있다.**

| 주어 | 동사 | 복합<br>방향보어 | 목적어 | 복합<br>방향보어 | 해석 |
|---|---|---|---|---|---|
| 他<br>Tā | 拿<br>ná | 进<br>jìn | 书<br>shū | 来<br>lái | 그는 책을<br>가지고 들어온다. |
| 他<br>Tā | 带<br>dài | 出<br>chū | 雨伞<br>yǔsǎn | 去<br>qù | 그는 우산을<br>가지고 나간다. |

| 주어 | 동사 | 복합<br>방향보어 | | 목적어 | 해석 |
|---|---|---|---|---|---|
| 他<br>Tā | 拿<br>ná | 上<br>shàng | 来<br>lái | 照相机<br>zhàoxiàngjī | 그는 카메라를<br>가지고 올라온다. |
| 他<br>Tā | 带<br>dài | 下<br>xià | 去<br>qù | 手机<br>shǒujī | 그는 휴대폰을<br>가지고 내려간다. |

## 확인학습 7

>>> 다음 문장을 중국어로 옮기시오.

1. 그는 책을 가지고 들어온다.

   >> _____

2. 그는 우산을 가지고 나간다.

   >> _____

3. 그녀는 카메라를 가지고 올라온다.

   >> _____

4. 그는 휴대폰을 가지고 내려간다.

   >> _____

5. 그는 휴대폰을 가지고 나온다.

   >> _____

6. 그는 책을 가지고 들어간다.

   >> _____

7. 그는 우산을 가지고 나온다.

   >> _____

8. 그녀는 카메라를 가지고 올라간다.

   >> _____

9. 그는 우산을 가지고 들어온다.

   >> _____

10. 그는 휴대폰을 가지고 나간다.

   >> _____

2) 장소 목적어인 경우, 반드시 '来'나 '去'의 앞에 쓴다.

| 주어 | 방향<br>보어 | 동사 | 장소<br>목적어 | 방향<br>보어 | 해석 |
|---|---|---|---|---|---|
| 他<br>Tā | 走<br>zǒu | 进<br>jìn | 教室<br>jiàoshì | 来<br>lái | 그가 교실로<br>걸어 들어온다. |
| 他<br>Tā | 走<br>zǒu | 回<br>huí | 宿舍<br>sùshè | 来<br>lái | 그가 기숙사로<br>걸어 돌아온다. |
| 他<br>Tā | 走<br>zǒu | 出<br>chū | 银行<br>yínháng | 来<br>lái | 그가 은행을<br>걸어 나온다. |
| 她<br>Tā | 跑<br>pǎo | 进<br>jìn | 宿舍<br>sùshè | 去<br>qù | 그녀가 기숙사로<br>뛰어 들어간다. |
| 她<br>Tā | 跑<br>pǎo | 回<br>huí | 教室<br>jiàoshì | 去<br>qù | 그녀가 교실을<br>뛰어 돌아간다. |
| 她<br>Tā | 跑<br>pǎo | 出<br>chū | 银行<br>yínháng | 去<br>qù | 그녀가 은행을<br>뛰어 나간다. |

## 확인학습 8

>>> 다음 문장을 중국어로 옮기시오.

**1.** 그가 교실로 걸어 들어온다.

>> _____

**2.** 그가 기숙사로 걸어 돌아온다.

>> _____

**3.** 그가 은행을 걸어 나온다.

>> _____

**4.** 그녀가 기숙사로 뛰어 들어간다.

>> _____

**5.** 그녀가 교실을 뛰어 돌아간다.

>> _____

**6.** 그가 은행을 뛰어 나간다.

>> _____

**7.** 나비가 교실로 날아 들어온다.

>> _____

**8.** 그가 기숙사로 뛰어 들어온다.

>> _____

**9.** 그가 은행을 뛰어 나온다.

>> _____

**10.** 나비가 기숙사로 날아 들어간다.

>> _____

# 심화학습

➡️ 일부 복합방향보어는 동작의 공간적인 이동 방향을 보충 설명하는 본래의 의미 외에 또 다른 파생적인 의미를 갖기도 한다.

## (1) 起来

### 1) 동작이나 상황의 시작을 나타낸다.

**她突然笑起来了**。
Tā tūrán xiào qǐlái le.
그녀가 갑자기 웃기 시작했다.

**身体好起来了**。
Shēntǐ hǎo qǐlái le.
몸이 좋아지기 시작했다.

### 2) 동작의 시도를 나타낸다.

**看起来, 要下雨了**。
Kàn qǐlái, yào xiàyǔ le.
보아하니, 곧 비가 내릴 것 같다.

**说起来容易, 做起来难**。
Shuō qǐlái róngyì, zuò qǐlái nán.
말하기는 쉬워도, 하기는 어렵다.

### 3) 흩어져 있던 것들을 정리하거나 한 곳으로 집중됨을 나타낸다.

**夏天了, 把毛衣收起来吧**。
Xiàtiān le, bǎ máoyī shōu qǐlái ba.
여름이 되었으니, 스웨터를 정리해라.

**我想起来了, 他是警察**。
Wǒ xiǎng qǐlái le, tā shì jǐngchá.
생각났어, 그 사람은 경찰이야.

## (2) 出来

### 1) 무엇인지 알아내거나 식별함을 나타낸다.

**我能听出她的声音来。**

Wǒ néng tīng chū tā de shēngyīn lái.

나는 그녀의 목소리를 듣고서 식별해낼 수 있다.

**我看出来了, 这是小王的衣服。**

Wǒ kàn chūlái le, zhè shì xiǎowáng de yīfu.

알아냈어, 이건 왕군의 옷이야.

### 2) 방법이나 결과의 도출을 나타낸다.

**他想出解决办法来了。**

Tā xiǎng chū jiějué bànfǎ lái le.

그는 해결 방법을 생각해냈다.

**他把文章背出来了。**

Tā bǎ wénzhāng bèi chūlái le.

그는 문장을 외워냈다.

## (3) 下来

### 1) 사물의 분리나 제거를 나타낸다.

**请大家把帽子脱下来。**

Qǐng dàjiā bǎ màozi tuō xiàlái.

여러분 모자를 벗어주세요.

**她把头发剪下来了。**

Tā bǎ tóufa jiǎn xiàlái le.

그녀는 머리를 잘랐다.

2) 사물이 고정되어 남겨짐을 나타낸다.

## 火车停下来了。

Huǒchē tíng xiàlái le.

기차가 멈춰 섰다.

## 请把您的名字记下来。

Qǐng bǎ nín de míngzì jì xiàlái.

당신의 이름을 적으세요.

## (4) 下去

➤ 동작이나 상태가 계속 진행되거나 유지됨을 나타낸다.

## 你的话不想听下去。

Nǐ de huà bù xiǎng tīng xiàqù.

네 말은 계속 듣고 싶지 않다.

## 天气渐渐冷下去。

Tiānqì jiànjiàn lěng xiàqù.

날씨가 점점 추워진다.

## (5) 过来

➤ 원래의 정상적인 상태로 회복됨을 나타낸다.

## 他从昏迷中醒过来了。

Tā cóng hūnmí zhōng xǐng guòlái le.

그는 혼미한 상태에서 깨어났다.

## 这条规定应该改过来。

Zhè tiáo guīdìng yīnggāi gǎi guòlái.

이 규정은 고쳐야만 한다.

## (6) 过去

➢ **원래의 정상적인 상태를 상실함을 나타낸다.**

### 那个病人晕过去了。

Nà ge bìngrén yùn guòqù le.

그 환자는 의식을 잃었다.

### 奶奶死过去了。

Nǎinai sǐ guòqù le.

할머니께서 돌아가셨다.

# 연습문제

## 1. 다음 문장을 해석하시오.

**1)** 他进来。

》 _____

**2)** 他回来。

》 _____

**3)** 他出来。

》 _____

**4)** 她进去。

》 _____

**5)** 她出去。

》 _____

**6)** 她上去。

》 _____

**7)** 他带书来。

》 _____

**8)** 他买水果来。

》 _____

**9)** 她借杂志去。

》 _____

**10)** 他进教室来。

》 _____

**11)** 他回宿舍来。

》 _____

**12)** 他上山来。

》 _____

**13)** 她进宿舍去。

》 _____

**14)** 她回教室去。

》 _____

**15)** 她下山去。

》 _____

**16)** 他带书来了。

》 _____

**17)** 他买水果来了。

》 _____

**18)** 她借杂志去了。

》 _____

**19)** 他带来了一本书。

》 _____

**20)** 他买来了一些水果。

》 _____

**21)** 她借去了一本杂志。

》 _____

22) 他进教室来了。

&#x00BB; _____

23) 他回宿舍来了。

&#x00BB; _____

24) 他上山来了。

&#x00BB; _____

25) 她进宿舍去了。

&#x00BB; _____

26) 她回教室去了。

&#x00BB; _____

27) 她下山去了。

&#x00BB; _____

28) 他没(有)带书来。

&#x00BB; _____

29) 他没(有)买水果来。

&#x00BB; _____

30) 他没(有)借杂志去。

&#x00BB; _____

31) 他没(有)带来书。

&#x00BB; _____

32) 他没(有)买来水果。

&#x00BB; _____

33) 他没(有)借去杂志。

&#x00BB; _____

**34)** 他没(有)进教室来。

》 _____

**35)** 他没(有)回宿舍来。

》 _____

**36)** 他没(有)上山来。

》 _____

**37)** 她没(有)进宿舍去。

》 _____

**38)** 她没(有)回教室去。

》 _____

**39)** 她没(有)下山去。

》 _____

**40)** 他走进来。

》 _____

**41)** 他走回来。

》 _____

**42)** 他走出来。

》 _____

**43)** 她跑进去。

》 _____

**44)** 她跑出去。

》 _____

**45)** 她跑上去。

》 _____

**46)** 他拿上来照相机。

》 _____

**47)** 他带下去手机。

》 _____

**48)** 他拿进书来。

》 _____

**49)** 他带出雨伞去。

》 _____

**50)** 他走进教室来。

》 _____

**51)** 他走回宿舍来。

》 _____

**52)** 他走出银行来。

》 _____

**53)** 她跑进宿舍去。

》 _____

**54)** 她跑回教室去。

》 _____

**55)** 她跑出银行去。

》 _____

**56)** 她突然笑起来了。

》 _____

**57)** 身体好起来了。

》 _____

**58)** 看起来，要下雨了。

》 _____

**59)** 说起来容易，做起来难。

》 _____

**60)** 夏天了，把毛衣收起来吧。

》 _____

**61)** 我想起来了，他是警察。

》 _____

**62)** 我能听出她的声音来。

》 _____

**63)** 我看出来了，这是小王的衣服。

》 _____

**64)** 他想出解决办法来了。

》 _____

**65)** 他把文章背出来了。

》 _____

**66)** 请大家把帽子脱下来。

》 _____

**67)** 她把头发剪下来了。

》 _____

**68)** 火车停下来了。

》 _____

**69)** 请把您的名字记下来。

》 _____

**70)** 你的话不想听下去。

>> _____

**71)** 天气渐渐冷下去。

>> _____

**72)** 他从昏迷中醒过来了。

>> _____

**73)** 这条规定应该改过来。

>> _____

**74)** 那个病人晕过去了。

>> _____

**75)** 奶奶死过去了。

>> _____


**2. 괄호 안의 단어를 선택해서 다음 문장을 중국어로 옮기시오.**

**1)** 그는 내일 돌아간다.

(他 / 回 / 明天 / 去 / 来)

>> _____

**2)** 선생님이 들어오신다.

(老师 / 进 / 来 / 去)

>> _____

**3)** 그녀가 사무실로 들어간다.

(她 / 去 / 办公室 / 来 / 进)

>> _____

**4)** 학생들이 집으로 돌아온다.

(学生们 / 去 / 回 / 来 / 家)

》》》 _____

**5)** 그녀는 사전을 가지고 온다.

(她 / 词典 / 去 / 拿 / 来)

》》》 _____

**6)** 나는 수박을 사서 간다.

(我 / 来 / 水果 / 买 / 西瓜 / 去)

》》》 _____

**7)** 그는 책을 가지고 오지 않았다.

(他 / 带 / 书 / 没有 / 不 / 来)

》》》 _____

**8)** 그들은 집으로 돌아가지 않았다.

(他们 / 家 / 去 / 没 / 有 / 不 / 回)

》》》 _____

**9)** 남자친구는 선물을 사 오지 않았다.

(男朋友 / 来 / 不 / 没有 / 礼物 / 买)

》》》 _____

**10)** 학생들은 모두 숙소로 돌아갔다.

(学生们 / 去 / 都 / 宿舍 / 了 / 回)

》》》 _____

**11)** 그들은 모두 옷을 사 왔다.

(他们 / 买 / 来 / 都 / 了 / 衣服)

》》》 _____

**12)** 그는 잡지를 가지고 갔다.

(他 / 了 / 杂志 / 拿 / 去)

≫ _____

**13)** 그녀가 들고 올라간다.

(她 / 去 / 拿 / 上)

≫ _____

**14)** 그녀가 옮겨 내려간다.

(她 / 下 / 去 / 搬)

≫ _____

**15)** 아이가 화장실로 뛰어 들어온다.

(孩子 / 来 / 进 / 跑 / 洗手间)

≫ _____

**16)** 그들은 탁자 하나를 들여온다.

(他们 / 搬 / 来 / 进 / 一张桌子)

≫ _____

**17)** 선생님이 걸어 내려오셨다.

(老师 / 了 / 下 / 走 / 来)

≫ _____

**18)** 학생들이 뛰어 올라갔다.

(学生们 / 上 / 去 / 跑 / 了)

≫ _____

**19)** 엄마가 주방으로 걸어 들어가셨다.

(妈妈 / 厨房 / 走 / 去 / 了 / 进)

≫ _____

20) 그는 여권을 꺼냈다.

(他 / 护照 / 出 / 了 / 来 / 拿)

》》 _____

21) 그는 우산을 가지고 들어오지 않았다.

(雨伞 / 他 / 没有 / 来 / 带 / 进)

》》 _____

22) 그들은 커피숍으로 걸어 들어갔다.

(咖啡馆 / 进 / 他们 / 走 / 了 / 来)

》》 _____

## 3. 적절한 방향보어를 골라 괄호 안에 넣으시오.

起来, 下来, 下去, 过来, 过去, 出来

1) 그는 좋은 방법 하나를 생각해냈다.

》》 他想(　　　)一个好办法(　　　)了。

2) 그녀는 이 소식을 듣고 울기 시작했다.

》》 她听到这个消息哭(　　　)了。

3) 그녀는 또 정신을 잃었다.

》》 她又昏(　　　)了。

4) 지금에서야 그가 옳았다는 것을 이해했다.

》》 现在才明白(　　　)了，他是对的。

5) 그녀는 비옷을 벗었다.

》》 她脱(　　　)雨衣(　　　)了。

**6)** 그녀는 갑자기 멈춰 섰다.

>> 她突然停(　　)了。

**7)** 여러분 계속 이야기 나누세요.

>> 你们谈(　　)吧。

**8)** 이 노래, 들어보니 아주 듣기 좋다.

>> 这个歌儿, 听(　　)很好听。

**9)** 지금에서야 그의 이름이 생각났다.

>> 现在才想(　　)他的名字(　　)了。

**10)** 그는 원래의 모양을 알아냈다.

>> 他看(　　)原来的样子(　　)了。


## 4. 다음 문장을 중국어로 옮기시오.

**1)** 그들은 모두 올라갔다.

>> _____

**2)** 너희들 빨리 들어가.

>> _____

**3)** 그들은 카메라를 가져가려고 한다.

>> _____

**4)** 그는 사무실로 들어갔다.

>> _____

**5)** 샤오왕은 이미 북경으로 돌아갔다.

>> _____

**6)** 엄마가 스웨터 한 벌을 사오셨다.

>> _____

**7)** 오빠가 카메라 한 대를 가지고 왔다.

>> _____

**8)** 그는 기숙사로 돌아가지 않았다.

>> _____

**9)** 너희 모두 집으로 들어와라.

>> _____

**10)** 언니가 사전 한 권을 사왔다.

>> _____

**11)** 중국어는 배우기 어렵지만, 저는 계속해서 배워 나갈 것입니다.

>> _____

**12)** 이 요리는 보기에 아주 맛있어 보인다.

>> _____

**13)** 그의 짐은 이미 집으로 부쳤다.

>> _____

**14)** 그가 지나갔다.

>> _____

**15)** 샤오왕은 선생님 한 분이 걸어오시는 것을 보았다.

>> _____

# MEMO

# 제7과

# 가능보어

**원포인트**

　가능보어는 동작이 특정한 결과를 도출해낼 수 있는지의 여부나 동작이 특정한 방향으로 진행될 수 있는지의 여부를 나타낼 때 사용한다. 물론 동작의 가능은 동사 앞에 가능을 나타내는 조동사 '能'이나 '可以'를 써서 나타낼 수 있지만, 동사 뒤에 동작의 구체적인 결과나 방향을 나타내는 결과보어나 방향보어가 있을 경우에는 일반적으로 가능보어를 사용한다.

## (1) 긍정형

➡️ 동사와 결과보어(또는 방향보어) 사이에 구조조사 '得'를 쓴다.

| 주어 | 동사 | 得 | 결과<br>보어 | 해석 |
|---|---|---|---|---|
| 她<br>Tā | 办<br>bàn | 得<br>de | 到<br>dào | 그녀는 처리할 수 있다. |
| 他<br>Tā | 看<br>kàn | 得<br>de | 见<br>jiàn | 그는 볼 수 있다. |
| 他<br>Tā | 做<br>zuò | 得<br>de | 完<br>wán | 그는 다 할 수 있다. |

| 주어 | 동사 | 得 | 방향<br>보어 | 해석 |
|---|---|---|---|---|
| 她<br>Tā | 买<br>mǎi | 得<br>de | 起<br>qǐ | 그녀는 살 수 있다. |
| 他<br>Tā | 考<br>kǎo | 得<br>de | 上<br>shàng | 그는 합격할 수 있다. |
| 她<br>Tā | 搬<br>bān | 得<br>de | 出来<br>chūlái | 그녀는 운반해 나올 수 있다. |

## 확인학습 1

>>> 다음 문장을 중국어로 옮기시오.

**1.** 그녀는 처리할 수 있다.

>>> _____

**2.** 그는 볼 수 있다.

>>> _____

**3.** 그는 다 할 수 있다.

>>> _____

**4.** 나는 살 수 있다.

>>> _____

**5.** 그는 합격할 수 있다.

>>> _____

**6.** 그녀는 운반해 나올 수 있다.

>>> _____

**7.** 나는 들을 수 있다.

>>> _____

**8.** 나는 똑똑히 볼 수 있다.

>>> _____

**9.** 여동생은 깨끗하게 빨 수 있다.

>>> _____

**10.** 그는 듣고 이해할 수 있다.

>>> _____

## (2) 부정형

➡ 동사와 결과보어(또는 방향보어) 사이에 부정부사 '不'를 쓴다.

| 주어 | 동사 | 不 | 결과<br>보어 | 해석 |
|---|---|---|---|---|
| 她<br>Tā | 办<br>bàn | 不<br>bu | 到<br>dào | 그녀는 처리할 수 없다. |
| 他<br>Tā | 看<br>kàn | 不<br>bu | 见<br>jiàn | 그는 볼 수 없다. |
| 他<br>Tā | 做<br>zuò | 不<br>bu | 完<br>wán | 그는 다 할 수 없다. |

| 주어 | 동사 | 不 | 방향<br>보어 | 해석 |
|---|---|---|---|---|
| 她<br>Tā | 买<br>mǎi | 不<br>bu | 起<br>qǐ | 그녀는 살 수 없다. |
| 他<br>Tā | 考<br>kǎo | 不<br>bu | 上<br>shàng | 그는 합격할 수 없다. |
| 她<br>Tā | 搬<br>bān | 不<br>bu | 出来<br>chūlái | 그녀는 운반해 나올 수 없다. |

## 확인학습 2

>>> 다음 문장을 중국어로 옮기시오.

1. 그녀는 처리할 수 없다.

   >>> _____

2. 그는 볼 수 없다.

   >>> _____

3. 그는 다 할 수 없다.

   >>> _____

4. 나는 살 수 없다.

   >>> _____

5. 그는 합격할 수 없다.

   >>> _____

6. 그녀는 운반해 나올 수 없다.

   >>> _____

7. 나는 들을 수 없다.

   >>> _____

8. 나는 똑똑히 볼 수 없다.

   >>> _____

9. 여동생은 깨끗하게 빨 수 없다.

   >>> _____

10. 그는 듣고 이해할 수 없다.

    >>> _____

## (3) 가능보어구문에서 목적어의 위치

➡ 일반적으로 목적어는 보어 뒤에 쓴다.

| 주어 | 동사 | 得 / 不 | 결과<br>보어 | 목적어 | 해석 |
|---|---|---|---|---|---|
| 他<br>Tā | 记<br>jì | 得 / 不<br>de / bu | 住<br>zhù | 价格<br>jiàgé | 그는 가격을 기억할 수<br>있다(없다). |
| 他<br>Tā | 找<br>zhǎo | 得 / 不<br>de / bu | 到<br>dào | 她<br>tā | 그는 그녀를 찾을 수<br>있다(없다). |
| 他<br>Tā | 听<br>tīng | 得 / 不<br>de / bu | 懂<br>dǒng | 英语<br>yīngyǔ | 그는 영어를 듣고<br>이해할 수 있다(없다). |

| 주어 | 동사 | 得 / 不 | 방향<br>보어 | 목적어 | 해석 |
|---|---|---|---|---|---|
| 她<br>Tā | 吃<br>chī | 得 / 不<br>de / bu | 下<br>xià | 饭<br>fàn | 그녀는 밥을<br>먹을 수 있다(없다). |
| 她<br>Tā | 拿<br>ná | 得 / 不<br>de / bu | 来<br>lái | 电脑<br>diànnǎo | 그녀는 컴퓨터를<br>가져올 수 있다(없다). |
| 她<br>Tā | 买<br>mǎi | 得 / 不<br>de / bu | 起<br>qǐ | 冰箱<br>bīngxiāng | 그녀는 냉장고를<br>살 수 있다(없다). |

## 확인학습 3

>>> 다음 문장을 중국어로 옮기시오.

**1.** 그는 가격을 기억할 수 있다(없다).

>>> _____

**2.** 그는 그녀를 찾을 수 있다(없다).

>>> _____

**3.** 그는 영어를 듣고 이해할 수 있다(없다).

>>> _____

**4.** 그녀는 밥을 먹을 수 있다(없다).

>>> _____

**5.** 그녀는 컴퓨터를 가져올 수 있다(없다).

>>> _____

**6.** 그녀는 냉장고를 살 수 있다(없다).

>>> _____

**7.** 그녀는 편지를 다 쓸 수 있다(없다).

>>> _____

**8.** 그들은 이 일을 다 할 수 있다(없다).

>>> _____

**9.** 여동생은 옷을 깨끗하게 빨 수 있다(없다).

>>> _____

**10.** 그는 칠판 위의 글씨를 분명하게 볼 수 있다(없다).

>>> _____

## (4) 의문문

### 1) 평서문 끝에 '吗'를 붙여서 의문문을 만들 수 있다.

| 주어 | 동사 | 得 / 不 | 결과<br>보어 | 목적어 | 吗 | 해석 |
|---|---|---|---|---|---|---|
| 他<br>Tā | 记<br>jì | 得 / 不<br>de / bu | 住<br>zhù | 价格<br>jiàgé | 吗<br>ma | 그는 가격을 기억할 수<br>있습니까(없습니까)? |
| 他<br>Tā | 找<br>zhǎo | 得 / 不<br>de / bu | 到<br>dào | 她<br>tā | 吗<br>ma | 그는 그녀를 찾을 수<br>있습니까(없습니까)? |
| 他<br>Tā | 听<br>tīng | 得 / 不<br>de / bu | 懂<br>dǒng | 英语<br>yīngyǔ | 吗<br>ma | 그는 영어를 듣고 이해할 수<br>있습니까(없습니까)? |

| 주어 | 동사 | 得 / 不 | 방향<br>보어 | 목적어 | 吗 | 해석 |
|---|---|---|---|---|---|---|
| 她<br>Tā | 吃<br>chī | 得 / 不<br>de / bu | 下<br>xià | 饭<br>fàn | 吗<br>ma | 그녀는 밥을 먹을 수<br>있습니까(없습니까)? |
| 她<br>Tā | 拿<br>ná | 得 / 不<br>de / bu | 来<br>lái | 电脑<br>diànnǎo | 吗<br>ma | 그녀는 컴퓨터를 가져올 수<br>있습니까(없습니까)? |
| 她<br>Tā | 买<br>mǎi | 得 / 不<br>de / bu | 起<br>qǐ | 冰箱<br>bīngxiāng | 吗<br>ma | 그녀는 냉장고를 살 수<br>있습니까(없습니까)? |

## 확인학습 4

>>> 다음 문장을 중국어로 옮기시오.

**1.** 그는 가격을 기억할 수 있습니까(없습니까)?

>> _____

**2.** 그는 그녀를 찾을 수 있습니까(없습니까)?

>> _____

**3.** 그는 영어를 듣고 이해할 수 있습니까(없습니까)?

>> _____

**4.** 그녀는 밥을 먹을 수 있습니까(없습니까)?

>> _____

**5.** 그녀는 컴퓨터를 가져올 수 있습니까(없습니까)?

>> _____

**6.** 그녀는 냉장고를 살 수 있습니까(없습니까)?

>> _____

**7.** 그녀는 편지를 다 쓸 수 있습니까(없습니까)?

>> _____

**8.** 그들은 이 일을 다 할 수 있습니까(없습니까)?

>> _____

**9.** 여동생은 옷을 깨끗하게 빨 수 있습니까(없습니까)?

>> _____

**10.** 그는 칠판 위의 글씨를 분명하게 볼 수 있습니까(없습니까)?

>> _____

**2) 긍정형과 부정형을 나란히 써서 정반의문문을 만들 수 있다.**

| 주어 | 동사 | 得 | 결과<br>보어 | 동사 | 不 | 결과<br>보어 | 목적어 | 해석 |
|---|---|---|---|---|---|---|---|---|
| 他<br>Tā | 记<br>jì | 得<br>de | 住<br>zhù | 记<br>jì | 不<br>bu | 住<br>zhù | 价格<br>jiàgé | 그는 가격을 기억할 수<br>있습니까 없습니까? |
| 他<br>Tā | 找<br>zhǎo | 得<br>de | 到<br>dào | 找<br>zhǎo | 不<br>bu | 到<br>dào | 她<br>tā | 그는 그녀를 찾을 수<br>있습니까 없습니까? |
| 他<br>Tā | 听<br>tīng | 得<br>de | 懂<br>dǒng | 听<br>tīng | 不<br>bu | 懂<br>dǒng | 英语<br>yīngyǔ | 그는 영어를 듣고 이해할 수<br>있습니까 없습니까? |

| 주어 | 동사 | 得 | 방향<br>보어 | 동사 | 不 | 방향<br>보어 | 목적어 | 해석 |
|---|---|---|---|---|---|---|---|---|
| 她<br>Tā | 吃<br>chī | 得<br>de | 下<br>xià | 吃<br>chī | 不<br>bu | 下<br>xià | 饭<br>fàn | 그녀는 밥을 먹을 수<br>있습니까 없습니까? |
| 她<br>Tā | 拿<br>ná | 得<br>de | 来<br>lái | 拿<br>ná | 不<br>bu | 来<br>lái | 电脑<br>diànnǎo | 그녀는 컴퓨터를 가져올 수<br>있습니까 없습니까? |
| 她<br>Tā | 买<br>mǎi | 得<br>de | 起<br>qǐ | 买<br>mǎi | 不<br>bu | 起<br>qǐ | 冰箱<br>bīngxiāng | 그녀는 냉장고를 살 수<br>있습니까 없습니까? |

## 확인학습 5

≫ 다음 문장을 중국어로 옮기시오.

1. 그는 가격을 기억할 수 있습니까 없습니까?

   ≫ _____

2. 그는 그녀를 찾을 수 있습니까 없습니까?

   ≫ _____

3. 그는 영어를 듣고 이해할 수 있습니까 없습니까?

   ≫ _____

4. 그녀는 밥을 먹을 수 있습니까 없습니까?

   ≫ _____

5. 그녀는 컴퓨터를 가져올 수 있습니까 없습니까?

   ≫ _____

6. 그녀는 냉장고를 살 수 있습니까 없습니까?

   ≫ _____

7. 그녀는 편지를 다 쓸 수 있습니까 없습니까?

   ≫ _____

8. 그들은 이 일을 다 할 수 있습니까 없습니까?

   ≫ _____

9. 여동생은 옷을 깨끗하게 빨 수 있습니까 없습니까?

   ≫ _____

10. 그는 칠판 위의 글씨를 분명하게 볼 수 있습니까 없습니까?

    ≫ _____

# 심화학습

## * 특수한 가능보어

### (1) 了(liǎo)

➡ 동작을 실현시킬 가능성이 있는지의 여부나 변화, 성질, 정도에 대한 추측을 나타낸다. 긍정형은 '주어+동사/형용사+得+了', 부정형은 '주어+동사/형용사+不+了'이다.

#### 1) 동사 뒤에 쓰인 경우

➡ 동작에 대한 실현 가능성을 나타낸다.

### 这个药治得了妈妈的病。
Zhè ge yào zhì de liǎo māma de bìng.
이 약은 어머니의 병을 치료할 수 있다.

### 我永远忘不了你。
Wǒ yǒngyuǎn wàng bu liǎo nǐ.
나는 영원히 너를 잊을 수 없다.

#### 2) 형용사 뒤에 쓰인 경우

➡ 성질이나 상태의 변화에 대한 예측을 나타낸다.

### 她的病好得了。
Tā de bìng hǎo de liǎo.
그녀의 병은 나을 수 있다.

### 明天也晴不了。
Míngtiān yě qíng bu liǎo.
내일도 (날씨가) 맑을 수가 없다.

## (2) 过来

➡️ 공간, 시간, 노력, 수량 등의 요인을 고루 충족시키며 동작을 완성시킬 수 있는 지의 여부를 나타낸다.

### 我一个人干得过来。
Wǒ yī ge rén gàn de guòlái.
나 혼자서 해낼 수 있다.

### 你一个人忙不过来。
Nǐ yī ge rén máng bu guòlái.
너 혼자서는 바빠서 할 수 없다.

## (3) 动

➡️ 동작을 통해 사람이나 사물의 위치를 바꿀 수 있는지의 여부를 나타낸다.

### 我一个人搬得动这张桌子。
Wǒ yī ge rén bān de dòng zhè zhāng zhuōzi.
나 혼자서 이 탁자를 옮길 수 있다.

### 孩子拿不动这么重的东西。
Háizi ná bu dòng zhème zhòng de dōngxi.
아이는 이렇게 무거운 물건을 들 수 없다.

## (4) 下

➡️ 수용할 수 있는 충분한 공간이 있는지의 여부를 나타낸다.

### 这个椅子上坐得下三个人。
Zhè ge yǐzi shàng zuò de xià sān ge rén.
이 의자에는 세 명이 앉을 수 있다.

### 我吃不下。
Wǒ chī bu xià.
나는 (배가 불러서) 더 먹을 수 없다.

## (5) 起

➡ 동작을 감당할 수 있는지의 여부를 나타낸다.

### 我们经得起考验。
Wǒmen jīng de qǐ kǎoyàn.
우리는 시련을 이겨낼 수 있다.

### 我买不起电脑。
Wǒ mǎi bu qǐ diànnǎo.
나는 컴퓨터를 살 수 없다.

## 연습문제

### 1. 다음 문장을 해석하시오.

**1)** 她办得到。

>> _____

**2)** 他看得见。

>> _____

**3)** 他做得完。

>> _____

**4)** 她买得起。

>> _____

**5)** 他考得上。

>> _____

**6)** 她搬得出来。

>> _____

**7)** 她办不到。

>> _____

**8)** 他看不见。

>> _____

**9)** 他做不完。

>> _____

**10)** 她买不起。

　　》 _____

**11)** 他考不上。

　　》 _____

**12)** 她搬不出来。

　　》 _____

**13)** 他记得住价格。

　　》 _____

**14)** 他找得到她。

　　》 _____

**15)** 他听得懂英语。

　　》 _____

**16)** 她吃得下饭。

　　》 _____

**17)** 她拿得来电脑。

　　》 _____

**18)** 她买得起冰箱。

　　》 _____

**19)** 他记得住价格吗?

　　》 _____

**20)** 他找得到她吗?

　　》 _____

**21)** 他听得懂英语吗?

　　》 _____

**22)** 她吃得下饭吗?

　》》　_____

**23)** 她拿得来电脑吗?

　》》　_____

**24)** 她买得起冰箱吗?

　》》　_____

**25)** 他记得住记不住价格?

　》》　_____

**26)** 他找得到找不到她?

　》》　_____

**27)** 他听得懂听不懂英语?

　》》　_____

**28)** 她吃得下吃不下饭?

　》》　_____

**29)** 她拿得来拿不来电脑?

　》》　_____

**30)** 她买得起买不起冰箱?

　》》　_____

**31)** 这个药治得了妈妈的病。

　》》　_____

**32)** 我永远忘不了你。

　》》　_____

**33)** 她的病好得了。

　》》　_____

**34)** 明天也晴不了。

》 _____

**35)** 我一个人干得过来。

》 _____

**36)** 你一个人忙不过来。

》 _____

**37)** 我一个人搬得动这张桌子。

》 _____

**38)** 孩子拿不动这么重的东西。

》 _____

**39)** 这个椅子上坐得下三个人。

》 _____

**40)** 我吃不下。

》 _____

**41)** 我们经得起考验。

》 _____

**42)** 我买不起电脑。

》 _____

## 2. 괄호 안의 단어를 선택해서 다음 문장을 중국어로 옮기시오.

**1)** 너는 틀림없이 시험에 합격할 수 있다.

(你 / 得 / 一定 / 上 / 考)

》 _____

**2)** 중국인들은 다 알아볼 수 있다.

(中国人 / 得 / 出 / 都 / 看 / 来)

>>> _____

**3)** 이렇게 많은 요리를 우리 셋이서 다 먹을 수 없다.

(这么 / 我们 / 完 / 多 / 菜 / 吃 / 三个人 / 不)

>>> _____

**4)** 이 물건은 위로 옮길 수 없다.

(这个东西 / 去 / 不 / 搬 / 上)

>>> _____

**5)** 나는 중국어를 알아들을 수 있다.

(我 / 懂 / 汉语 / 听 / 得)

>>> _____

**6)** 그녀는 이 물건을 들고 나올 수 없다.

(她 / 拿 / 来 / 不 / 出 / 这个东西)

>>> _____

**7)** 선생님의 강연을 나는 똑똑히 들을 수 있다.

(听 / 老师的演讲 / 得 / 我 / 清楚)

>>> _____

**8)** 너 시험 합격할 수 있어?

(你 / 上 / 考 / 吗 / 得)

>>> _____

**9)** 지금 너 돌아올 수 있어 없어?

(现在 / 你 / 来 / 得 / 回 / 不)

>>> _____

**10)** 나는 그녀를 잊을 수 없다.

(我 / 不 / 她 / 忘 / 了)

>> _____

**11)** 하루 안에 해낼 수 있다.

(一天以内 / 得 / 过 / 干 / 来)

>> _____

**12)** 너 혼자서 이 물건을 옮길 수 없다.

(你一个人 / 搬 / 这个东西 / 不 / 动)

>> _____

**13)** 난 이미 배가 불러서 더 이상 먹을 수 없다.

(我 / 吃 / 已经 / 不 / 饱 / 了 / 下)

>> _____

**14)** 이 옷은 너무 비싸서 난 살 수 없다.

(这件衣服 / 起 / 太 / 买 / 贵 / 我 / 不)

>> _____

## 3. 다음 문장을 중국어로 옮기시오.

**1)** 나는 갈 수 있다.

>> _____

**2)** 그는 그 침대를 옮길 수 있다.

>> _____

**3)** 그렇게 비싼 물건을 그녀가 살 수 있습니까?

>> _____

**4)** 일본어를 나는 알아들을 수 없습니다.

>> _____

**5)** 내일 아침 6시에 일어날 수 있습니까?

≫ _____

**6)** 오늘 밤에 당신은 돌아올 수 있습니까?

≫ _____

**7)** 이 소파는 커서, 다섯 명이 앉을 수 있다.

≫ _____

**8)** 그의 사무실에는 책상 두 개를 놓을 수 없다.

≫ _____

**9)** 이렇게 많은 물건을 당신이 들 수 있습니까?

≫ _____

**10)** 이렇게 많은 음식을 나 혼자서 어떻게 다 먹을 수 있겠어?

≫ _____

# MEMO

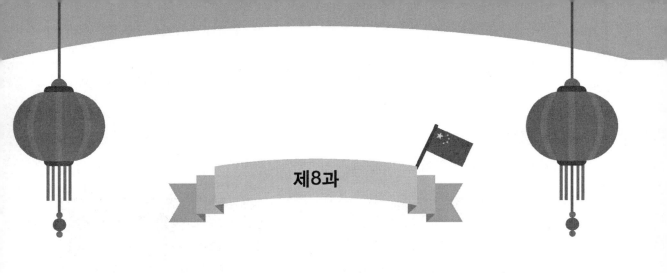

제8과

# 정도보어

원포인트

　정도보어는 동작이나 행위, 성질이나 상태가 어느 정도에 이르렀는지를 보충 설명한다. 정도보어는 대체로 형용사로 충당되며, 구조조사 '得'를 매개로 술어와 연결된다.

## (1) 긍정형

➡️ 기본 어순은 '주어+동사+得(+很)+형용사'이다.

| 주어 | 동사 | 得 | 정도보어<br>⇓<br>(很)형용사 | 해석 |
|---|---|---|---|---|
| 他<br>Tā | 来<br>lái | 得<br>de | (很)早<br>(hěn) zǎo | 그는<br>일찍 왔다. |
| 他<br>Tā | 说<br>shuō | 得<br>de | (很)流利<br>(hěn) liúlì | 그는<br>유창하게 말한다. |
| 他<br>Tā | 跑<br>pǎo | 得<br>de | (很)快<br>(hěn) kuài | 그는<br>빨리 뛴다. |
| 她<br>Tā | 长<br>zhǎng | 得<br>de | (很)漂亮<br>(hěn) piàoliang | 그녀는<br>예쁘게 생겼다. |
| 她<br>Tā | 买<br>mǎi | 得<br>de | (很)多<br>(hěn) duō | 그녀는<br>많이 샀다. |
| 她<br>Tā | 唱<br>chàng | 得<br>de | (很)好<br>(hěn) hǎo | 그녀는<br>노래를 잘 부른다. |

## 확인학습 1

>>> 다음 문장을 중국어로 옮기시오.

1. 그는 일찍 왔다.

   >> _____

2. 그는 유창하게 말한다.

   >> _____

3. 그는 빨리 뛴다.

   >> _____

4. 그녀는 예쁘게 생겼다.

   >> _____

5. 그녀는 많이 샀다.

   >> _____

6. 그녀는 노래를 잘 부른다.

   >> _____

7. 그녀는 일찍 일어난다.

   >> _____

8. 그는 잘 지낸다.

   >> _____

9. 그는 (담배를) 많이 피운다.

   >> _____

10. 그는 잘 그린다.

   >> _____

## (2) 부정형

➡️ 기본 어순은 '주어+동사+得+不형용사'이다.

| 주어 | 동사 | 得 | 정도보어<br>⇩<br>不형용사 | 해석 |
|------|------|-----|------|------|
| 他<br>Tā | 来<br>lái | 得<br>de | 不早<br>bù zǎo | 그는<br>일찍 오지 않았다. |
| 他<br>Tā | 说<br>shuō | 得<br>de | 不流利<br>bù liúlì | 그는<br>유창하게 말하지 못한다. |
| 他<br>Tā | 跑<br>pǎo | 得<br>de | 不快<br>bù kuài | 그는<br>빨리 뛰지 못한다. |
| 她<br>Tā | 长<br>zhǎng | 得<br>de | 不漂亮<br>bù piàoliang | 그녀는<br>예쁘게 생기지 않았다. |
| 她<br>Tā | 买<br>mǎi | 得<br>de | 不多<br>bù duō | 그녀는<br>많이 사지 않았다. |
| 她<br>Tā | 唱<br>chàng | 得<br>de | 不好<br>bù hǎo | 그녀는<br>노래를 잘 부르지 못한다. |

## 확인학습 2

>>> **다음 문장을 중국어로 옮기시오.**

**1.** 그는 일찍 오지 않았다.

   >>> _____

**2.** 그는 유창하게 말하지 못한다.

   >>> _____

**3.** 그는 빨리 뛰지 못한다.

   >>> _____

**4.** 그녀는 예쁘게 생기지 않았다.

   >>> _____

**5.** 그녀는 많이 사지 않았다.

   >>> _____

**6.** 그녀는 노래를 잘 부르지 못한다.

   >>> _____

**7.** 그녀는 일찍 일어나지 않았다.

   >>> _____

**8.** 그는 잘 지내지 못한다.

   >>> _____

**9.** 그는 (담배를) 많이 피우지 않는다.

   >>> _____

**10.** 그는 잘 그리지 못한다.

   >>> _____

### (3) 정도보어구문에서 목적어의 위치

➡ 동사가 목적어를 갖는 경우, 목적어 뒤에 동사를 한 번 더 반복한 다음 구조조사 '得'와 정도보어를 붙인다. 이때 앞에 오는 동사는 생략할 수 있고, 그 자리에 구조조사 '的'를 쓸 수도 있다.

| 주어 | (동사) | 목적어 | 동사 | 得 | 정도보어 ⇓ (很)형용사 | 해석 |
|---|---|---|---|---|---|---|
| 他<br>Tā | 来<br>lái | 学校<br>xuéxiào | 来<br>lái | 得<br>de | (很)早<br>(hěn) zǎo | 그는 학교에 일찍 왔다. |
| 他<br>Tā | 说<br>shuō | 汉语<br>hànyǔ | 说<br>shuō | 得<br>de | (很)流利<br>(hěn) liúlì | 그는 중국어를 유창하게 한다. |
| 他<br>Tā | 写<br>xiě | 字<br>zì | 写<br>xiě | 得<br>de | (很)漂亮<br>(hěn) piàoliang | 그는 글씨를 잘 쓴다. |
| 她<br>Tā | 洗<br>xǐ | 衣服<br>yīfu | 洗<br>xǐ | 得<br>de | (很)干净<br>(hěn) gānjing | 그녀는 옷을 깨끗하게 빨았다. |
| 她<br>Tā | 买<br>mǎi | 东西<br>dōngxi | 买<br>mǎi | 得<br>de | (很)多<br>(hěn) duō | 그녀는 물건을 많이 샀다. |
| 她<br>Tā | 唱<br>chàng | 歌儿<br>gēr | 唱<br>chàng | 得<br>de | (很)好<br>(hěn) hǎo | 그녀는 노래를 잘 부른다. |

| 주어 | (的) | 목적어 | 동사 | 得 | 정도보어 ⇓ (很+)형용사 | 해석 |
|---|---|---|---|---|---|---|
| 他 Tā | (的) de | 汉语 hànyǔ | 说 shuō | 得 de | (很)流利 (hěn) liúlì | 그는 중국어를 유창하게 한다. |
| 他 Tā | (的) de | 字 zì | 写 xiě | 得 de | (很)漂亮 (hěn) piàoliang | 그는 글씨를 잘 쓴다. |
| 她 Tā | (的) de | 衣服 yīfu | 洗 xǐ | 得 de | (很)干净 (hěn) gānjing | 그녀는 옷을 깨끗하게 빨았다. |
| 她 Tā | (的) de | 东西 dōngxi | 买 mǎi | 得 de | (很)多 (hěn) duō | 그녀는 물건을 많이 샀다. |
| 她 Tā | (的) de | 歌儿 gēr | 唱 chàng | 得 de | (很)好 (hěn) hǎo | 그녀는 노래를 잘 부른다. |

## 확인학습 3

≫ 다음 문장을 중국어로 옮기시오.

1. 그는 학교에 일찍 왔다.

   ≫ _____

2. 그는 중국어를 유창하게 한다.

   ≫ _____

3. 그는 글씨를 잘 쓴다.

   ≫ _____

4. 그녀는 옷을 깨끗하게 빨았다.

   ≫ _____

5. 그녀는 물건을 많이 샀다.

   ≫ _____

6. 그녀는 노래를 잘 부른다.

   ≫ _____

7. 그녀는 요리를 잘 한다.

   ≫ _____

8. 그는 담배를 많이 피운다.

   ≫ _____

9. 오빠는 그림을 잘 그린다.

   ≫ _____

10. 여동생은 음악을 많이 듣는다.

   ≫ _____

## (4) 의문문

### 1) 평서문 끝에 '吗'를 붙여서 의문문을 만들 수 있다.

| 주어 | 동사 | 得 | 정도보어<br>⇩<br>형용사 | 吗 | 해석 |
|---|---|---|---|---|---|
| 他<br>Tā | 来<br>lái | 得<br>de | 早<br>zǎo | 吗<br>ma | 그는<br>일찍 왔습니까? |
| 他<br>Tā | 说<br>shuō | 得<br>de | 流利<br>liúlì | 吗<br>ma | 그는<br>유창하게 말합니까? |
| 他<br>Tā | 跑<br>pǎo | 得<br>de | 快<br>kuài | 吗<br>ma | 그는<br>빨리 뜁니까? |
| 她<br>Tā | 长<br>zhǎng | 得<br>de | 漂亮<br>piàoliang | 吗<br>ma | 그녀는<br>예쁘게 생겼습니까? |
| 她<br>Tā | 买<br>mǎi | 得<br>de | 多<br>duō | 吗<br>ma | 그녀는<br>많이 샀습니까? |
| 她<br>Tā | 唱<br>chàng | 得<br>de | 好<br>hǎo | 吗<br>ma | 그녀는<br>노래를 잘 부릅니까? |

## 확인학습 4

>>> 다음 문장을 중국어로 옮기시오.

**1.** 그는 일찍 왔습니까?

>>> _____

**2.** 그는 유창하게 말합니까?

>>> _____

**3.** 그는 빨리 뜁니까?

>>> _____

**4.** 그녀는 예쁘게 생겼습니까?

>>> _____

**5.** 그녀는 많이 샀습니까?

>>> _____

**6.** 그녀는 노래를 잘 부릅니까?

>>> _____

**7.** 그녀는 일찍 일어났습니까?

>>> _____

**8.** 그는 잘 지냅니까?

>>> _____

**9.** 그는 (담배를) 많이 피웁니까?

>>> _____

**10.** 그는 잘 그립니까?

>>> _____

2) 보어의 긍정형과 부정형을 나란히 써서 정반의문문을 만들 수 있다.

| 주어 | 동사 | 得 | 정도보어 | | 해석 |
|---|---|---|---|---|---|
| | | | 형용사 | 不형용사 | |
| 他<br>Tā | 来<br>lái | 得<br>de | 早<br>zǎo | 不早<br>bù zǎo | 그는<br>일찍 왔습니까? |
| 他<br>Tā | 说<br>shuō | 得<br>de | 流利<br>liúlì | 不流利<br>bù liúlì | 그는<br>유창하게 말합니까? |
| 他<br>Tā | 跑<br>pǎo | 得<br>de | 快<br>kuài | 不快<br>bù kuài | 그는<br>빨리 뜁니까? |
| 她<br>Tā | 长<br>zhǎng | 得<br>de | 漂亮<br>piàoliang | 不漂亮<br>bù piàoliang | 그녀는<br>예쁘게 생겼습니까? |
| 她<br>Tā | 买<br>mǎi | 得<br>de | 多<br>duō | 不多<br>bù duō | 그녀는<br>많이 샀습니까? |
| 她<br>Tā | 唱<br>chàng | 得<br>de | 好<br>hǎo | 不好<br>bù hǎo | 그녀는<br>노래를 잘 부릅니까? |

## 확인학습 5

>>> 다음 문장을 중국어로 옮기시오. (정반의문문 형식으로)

**1.** 그는 일찍 왔습니까?

>> _____

**2.** 그는 유창하게 말합니까?

>> _____

**3.** 그는 빨리 뜁니까?

>> _____

**4.** 그녀는 예쁘게 생겼습니까?

>> _____

**5.** 그녀는 많이 샀습니까?

>> _____

**6.** 그녀는 노래를 잘 부릅니까?

>> _____

**7.** 그녀는 일찍 일어납니까?

>> _____

**8.** 그는 잘 지냅니까?

>> _____

**9.** 그는 (담배를) 많이 피웁니까?

>> _____

**10.** 그는 잘 그립니까?

>> _____

## ▌심화학습

### \* 특수한 정도보어

➡ 술어가 형용사이면서 정도가 매우 심함을 나타내고자 할 경우, 다음과 같은 방법을 쓸 수 있다.

**(1) 부사 '很'을 정도보어로 쓴다.**

我忙得很。
Wǒ máng de hěn.
나는 무척 바쁘다.

中国大得很。
Zhōngguó dà de hěn.
중국은 정말 크다.

**(2) 형용사 '多'를 정도보어로 쓴다. 이때 보어 앞의 '得'는 생략할 수 있고, 문장 끝에 '了'를 쓰면 과장의 뉘앙스가 생긴다.**

那本书好(得)多(了)。
Nà běn shū hǎo (de) duō (le).
그 책은 정말 좋다.

中国队强(得)多(了)。
Zhōngguóduì qiáng (de) duō (le).
중국팀은 정말 강하다.

(3) 부사 '极了'를 정도보어로 쓴다. 이때 보어 앞에 구조조사 '得'를 쓰지 않고 형용사 뒤에 바로 '极了'를 붙인다.

**味道好得极了。** (X)

Wèidào hǎo de jíle.

**味道好极了。** (O)

Wèidào hǎo jíle.

맛이 정말 좋다.

**风景美得极了。** (X)

Fēngjǐng měi de jíle.

**风景美极了。** (O)

Fēngjǐng měi jíle.

경치가 정말 아름답다.

## 연습문제

**1. 다음 문장을 해석하시오.**

**1)** 他来得很早。

　》》 _____

**2)** 他说得很流利。

　》》 _____

**3)** 他跑得很快。

　》》 _____

**4)** 她长得很漂亮。

　》》 _____

**5)** 她买得很多。

　》》 _____

**6)** 她唱得很好。

　》》 _____

**7)** 他来得不早。

　》》 _____

**8)** 他说得不流利。

　》》 _____

**9)** 他跑得不快。

　》》 _____

10) 她长得不漂亮。

　》 _____

11) 她买得不多。

　》 _____

12) 她唱得不好。

　》 _____

13) 他来学校来得很早。

　》 _____

14) 他说汉语说得很流利。

　》 _____

15) 他写字写得很漂亮。

　》 _____

16) 她洗衣服洗得很干净。

　》 _____

17) 她买东西买得很多。

　》 _____

18) 她唱歌儿唱得很好。

　》 _____

19) 他的汉语说得很流利。

　》 _____

20) 她的字写得很漂亮。

　》 _____

21) 她的衣服洗得很干净。

　》 _____

22) 她的东西买得很多。

>>> _____

23) 她的歌儿唱得很好。

>>> _____

24) 他来得早吗?

>>> _____

25) 他说得流利吗?

>>> _____

26) 他跑得快吗?

>>> _____

27) 她长得漂亮吗?

>>> _____

28) 她买得多吗?

>>> _____

29) 她唱得好吗?

>>> _____

30) 他来得早不早?

>>> _____

31) 他说得流利不流利?

>>> _____

32) 他跑得快不快?

>>> _____

33) 她长得漂亮不漂亮?

>>> _____

**34)** 她买得多不多?

>> _____

**35)** 她唱得好不好?

>> _____

**36)** 我忙得很。

>> _____

**37)** 中国大得很。

>> _____

**38)** 那本书好(得)多(了)。

>> _____

**39)** 中国队强(得)多(了)。

>> _____

**40)** 味道好极了。

>> _____

**41)** 风景美极了。

>> _____

**2. 괄호 안의 단어를 선택해서 다음 문장을 중국어로 옮기시오.**

**1)** 시간이 정말 빨리 지나간다.

(时间 / 得 / 很 / 过 / 快)

>> _____

**2)** 그는 정말 말이 빠르다.

(他 / 得 / 真 / 讲 / 快)

>> _____

**3)** 그녀는 늦게 자지 않는다.

(她 / 不 / 睡 / 得 / 晚)

》 _____

**4)** 그녀는 많이 먹지 않는다.

(她 / 得 / 不 / 吃 / 多)

》 _____

**5)** 제가 늦게 왔나요?

(我 / 晚 / 吗 / 得 / 来)

》 _____

**6)** 제 말이 맞나요 틀리나요?

(我 / 不 / 说 / 得 / 对)

》 _____

**7)** 너 시험 어떻게 봤니?

(你 / 怎么样 / 得 / 考)

》 _____

**8)** 그녀는 한자를 아주 예쁘게 쓴다.

(她 / 汉字 / 写 / 好 / 得 / 看 / 很)

》 _____

**9)** 그녀는 요리를 정말 잘 한다.

(她 / 做 / 得 / 的 / 好 / 菜 / 很)

》 _____

**10)** 배구를 그는 매우 잘 한다.

(得 / 很 / 排球 / 好 / 他 / 打)

》 _____

**11)** 그는 중국어를 잘하나요?

(他 / 汉语 / 得 / 说 / 不 / 好)

》 _____

**12)** 그녀의 노래 실력은 어떤가요?

(她 / 唱 / 怎么样 / 歌 / 得)

》 _____

**13)** 이것은 무척 비싸다.

(这个 / 很 / 贵 / 得)

》 _____

**14)** 이 차는 정말 새 것이다.

(这辆车 / 多 / 新 / 了 / 得)

》 _____

**15)** 날씨가 정말 춥다.

(天气 / 极了 / 冷 / 得)

》 _____

## 3. 다음 문장을 중국어로 옮기시오.

**1)** 그는 아주 정확하게 썼다.

》 _____

**2)** 그들은 재미있게 놀았다.

》 _____

**3)** 영어를 그는 유창하게 한다.

》 _____

**4)** 언니는 물건을 많이 샀다.

》 _____

5) 그녀는 피아노를 잘 친다.

   》 _____

6) 그녀의 춤은 어때요?

   》 _____

7) 그녀는 글씨를 잘 씁니까?

   》 _____

8) 우리는 아주 기쁩니다.

   》 _____

9) 그녀는 많이 먹지 않는다.

   》 _____

10) 그는 건강이 많이 좋아졌다.

   》 _____

# MEMO

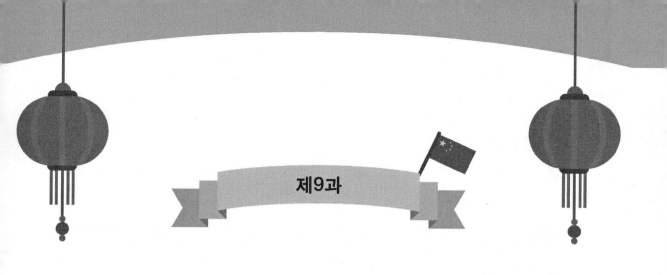

# 시량보어

원포인트

시량보어는 술어 뒤에 쓰여 동작이 지속된 시간의 양을 보충 설명해준다. 시량보어 구문의 형식과 의미는 술어동사가 지속동사인지 아니면 비지속동사인지에 따라 차이가 있다.

## (1) 긍정형

➡️ 동사 뒤에 동작의 완성을 나타내는 동태조사 '了'를 쓰고, 그 뒤에 동작이 지속된 시간의 양을 나타내는 시량보어를 쓴다.

| 주어 | 동사 | 了 | 시량보어 | 해석 |
|---|---|---|---|---|
| 他<br>Tā | 上<br>shàng | 了<br>le | 三节<br>sān jié | 그는<br>3교시 동안 수업했다. |
| 他<br>Tā | 学<br>xué | 了<br>le | 两年<br>liǎng nián | 그는<br>2년 동안 배웠다. |
| 他<br>Tā | 听<br>tīng | 了<br>le | 一个小时<br>yī ge xiǎoshí | 그는<br>1시간 동안 들었다. |
| 她<br>Tā | 吃<br>chī | 了<br>le | 两个小时<br>liǎng ge xiǎoshí | 그녀는<br>2시간 동안 먹었다. |
| 她<br>Tā | 看<br>kàn | 了<br>le | 三天<br>sān tiān | 그녀는<br>3일 동안 봤다. |
| 她<br>Tā | 休息<br>xiūxi | 了<br>le | 两天<br>liǎng tiān | 그녀는<br>이틀 동안 쉬었다. |

## 확인학습 1

>>> 다음 문장을 중국어로 옮기시오.

**1.** 그는 3교시 동안 수업했다.

>>> _____

**2.** 그는 2년 동안 배웠다.

>>> _____

**3.** 그는 1시간 동안 들었다.

>>> _____

**4.** 그녀는 2시간 동안 먹었다.

>>> _____

**5.** 그녀는 3일 동안 봤다.

>>> _____

**6.** 그녀는 이틀 동안 쉬었다.

>>> _____

**7.** 그녀는 1시간 동안 기다렸다.

>>> _____

**8.** 그는 30분 동안 (노래를) 불렀다.

>>> _____

**9.** 그녀는 1시간 동안 샀다.

>>> _____

**10.** 그녀는 일주일 동안 (그림을) 그렸다.

>>> _____

➡️ 이때 문장 끝에 어기조사 '了'를 붙이면, 말하고 있는 시점까지도 해당 동작이
지속되고 있음을 나타낸다.

| 주어 | 동사 | 了 | 시량보어 | 了 | 해석 |
|---|---|---|---|---|---|
| 他<br>Tā | 上<br>shàng | 了<br>le | 三节<br>sān jié | 了<br>le | 그는 3교시째<br>수업하고 있다. |
| 他<br>Tā | 学<br>xué | 了<br>le | 两年<br>liǎng nián | 了<br>le | 그는 2년째<br>배우고 있다. |
| 他<br>Tā | 听<br>tīng | 了<br>le | 一个小时<br>yī ge xiǎoshí | 了<br>le | 그는 1시간째<br>듣고 있다. |
| 她<br>Tā | 吃<br>chī | 了<br>le | 两个小时<br>liǎng ge xiǎoshí | 了<br>le | 그녀는 2시간째<br>먹고 있다. |
| 她<br>Tā | 看<br>kàn | 了<br>le | 三天<br>sān tiān | 了<br>le | 그녀는 3일째<br>보고 있다. |
| 她<br>Tā | 休息<br>xiūxi | 了<br>le | 两天<br>liǎng tiān | 了<br>le | 그녀는 이틀째<br>쉬고 있다. |

## 확인학습 2

》》 다음 문장을 중국어로 옮기시오.

1. 그는 3교시째 수업하고 있다.

   》》 _____

2. 그는 2년째 배우고 있다.

   》》 _____

3. 그는 1시간째 듣고 있다.

   》》 _____

4. 그녀는 2시간째 먹고 있다.

   》》 _____

5. 그녀는 3일째 보고 있다.

   》》 _____

6. 그녀는 이틀째 쉬고 있다.

   》》 _____

7. 그녀는 1시간째 기다고 있다.

   》》 _____

8. 그는 30분째 (노래를) 부르고 있다.

   》》 _____

9. 그녀는 1시간째 사고 있다.

   》》 _____

10. 그녀는 일주일째 (그림을) 그리고 있다.

   》》 _____

## (2) 부정형

 동사 앞에 '没(有)'를 붙이고 동태조사 '了'를 뺀다.

| 주어 | 没(有) | 동사 | 시량보어 | 해석 |
|---|---|---|---|---|
| 他<br>Tā | 没(有)<br>méi(yǒu) | 上<br>shàng | 三节<br>sān jié | 그는 3교시 동안<br>수업하지 않았다. |
| 他<br>Tā | 没(有)<br>méi(yǒu) | 学<br>xué | 两年<br>liǎng nián | 그는 2년 동안<br>배우지 않았다. |
| 他<br>Tā | 没(有)<br>méi(yǒu) | 听<br>tīng | 一个小时<br>yī ge xiǎoshí | 그는 1시간 동안<br>듣지 않았다. |
| 她<br>Tā | 没(有)<br>méi(yǒu) | 吃<br>chī | 两个小时<br>liǎng ge xiǎoshí | 그녀는 2시간 동안<br>먹지 않았다. |
| 她<br>Tā | 没(有)<br>méi(yǒu) | 看<br>kàn | 三天<br>sān tiān | 그녀는 3일 동안<br>보지 않았다. |
| 她<br>Tā | 没(有)<br>méi(yǒu) | 休息<br>xiūxi | 两天<br>liǎng tiān | 그녀는 이틀 동안<br>쉬지 않았다. |

## 확인학습 3

≫ **다음 문장을 중국어로 옮기시오.**

**1.** 그는 3교시 동안 수업하지 않았다.

   ≫ _____

**2.** 그는 2년 동안 배우지 않았다.

   ≫ _____

**3.** 그는 1시간 동안 듣지 않았다.

   ≫ _____

**4.** 그녀는 2시간 동안 먹지 않았다.

   ≫ _____

**5.** 그녀는 3일 동안 보지 않았다.

   ≫ _____

**6.** 그녀는 이틀 동안 쉬지 않았다.

   ≫ _____

**7.** 그녀는 1시간 동안 기다리지 않았다.

   ≫ _____

**8.** 그는 30분 동안 (노래를) 부르지 않았다.

   ≫ _____

**9.** 그녀는 1시간 동안 사지 않았다.

   ≫ _____

**10.** 그녀는 일주일 동안 (그림을) 그리지 않았다.

   ≫ _____

## (3) 지속동사가 목적어를 갖는 경우

**1)** 동사술어문의 기본 구조인 '주어+동사+목적어' 뒤에 동사를 한 번 더 쓴 후,
반복한 동사 뒤에 동태조사 '了'와 시량보어를 쓴다.

| 주어 | 동사 | 목적어 | 동사 | 了 | 시량보어 | 해석 |
|------|------|--------|------|-----|----------|------|
| 他<br>Tā | 上<br>shàng | 课<br>kè | 上<br>shàng | 了<br>le | 三节<br>sān jié | 그는 수업을<br>3교시 동안 했다. |
| 他<br>Tā | 学<br>xué | 汉语<br>hànyǔ | 学<br>xué | 了<br>le | 两年<br>liǎng nián | 그는 중국어를<br>2년 동안 배웠다. |
| 他<br>Tā | 等<br>děng | 车<br>chē | 等<br>děng | 了<br>le | 一个小时<br>yī ge xiǎoshí | 그는 차를<br>1시간 동안 기다렸다. |
| 她<br>Tā | 吃<br>chī | 饭<br>fàn | 吃<br>chī | 了<br>le | 两个小时<br>liǎng ge xiǎoshí | 그녀는 밥을<br>2시간 동안 먹었다. |
| 她<br>Tā | 看<br>kàn | 书<br>shū | 看<br>kàn | 了<br>le | 三天<br>sān tiān | 그녀는 책을<br>3일 동안 봤다. |
| 她<br>Tā | 听<br>tīng | 音乐<br>yīnyuè | 听<br>tīng | 了<br>le | 两天<br>liǎng tiān | 그녀는 음악을<br>이틀 동안 들었다. |

2) '주어+동사+목적어+동사+了+시량보어' 구조는 동사를 반복하지 않고 동사와 목적어 사이에 동태조사 '了'와 시량보어 그리고 구조조사 '的'를 끼워 넣는 형식으로의 변환도 가능하다. 이때 구조조사 '的'는 생략 가능하다.

| 주어 | 동사 | 了 | 시량보어 | (的) | 목적어 | 해석 |
|---|---|---|---|---|---|---|
| 他<br>Tā | 上<br>shàng | 了<br>le | 三节<br>sān jié | (的)<br>(de) | 课<br>kè | 그는 수업을<br>3교시 동안 했다. |
| 他<br>Tā | 学<br>xué | 了<br>le | 两年<br>liǎng nián | (的)<br>(de) | 汉语<br>hànyǔ | 그는 중국어를<br>2년 동안 배웠다. |
| 他<br>Tā | 等<br>děng | 了<br>le | 一个小时<br>yī ge xiǎoshí | (的)<br>(de) | 车<br>chē | 그는 차를<br>1시간 동안 기다렸다. |
| 她<br>Tā | 吃<br>chī | 了<br>le | 两个小时<br>liǎng ge xiǎoshí | (的)<br>(de) | 饭<br>fàn | 그녀는 밥을<br>2시간 동안 먹었다. |
| 她<br>Tā | 看<br>kàn | 了<br>le | 三天<br>sān tiān | (的)<br>(de) | 书<br>shū | 그녀는 책을<br>3일 동안 봤다. |
| 她<br>Tā | 听<br>tīng | 了<br>le | 两天<br>liǎng tiān | (的)<br>(de) | 音乐<br>yīnyuè | 그녀는 음악을<br>이틀 동안 들었다. |

**3) 목적어가 인칭대명사인 경우, 반드시 동사와 시량보어 사이에 목적어를 쓴다.**

| 주어 | 동사 | 了 | 목적어 ⇓ 인칭대명사 | 시량보어 | 해석 |
|---|---|---|---|---|---|
| 我<br>Wǒ | 等<br>děng | 了<br>le | 他<br>tā | 一个小时<br>yī ge xiǎoshí | 나는 그를<br>1시간 동안 기다렸다. |
| 我<br>Wǒ | 找<br>zhǎo | 了<br>le | 他<br>tā | 两个小时<br>liǎng ge xiǎoshí | 나는 그를<br>2시간 동안 찾았다. |

➡ 이때 문장 끝에 어기조사 '了'를 붙이면, 시량보어가 나타내는 시간만큼 동작이 진행되었을 뿐만 아니라 말하고 있는 시점까지도 해당 동작이 지속되고 있음을 나타낸다.

| 주어 | 동사 | 了 | 목적어 ⇓ 인칭대명사 | 시량보어 | 了 | 해석 |
|---|---|---|---|---|---|---|
| 我<br>Wǒ | 等<br>děng | 了<br>le | 他<br>tā | 一个小时<br>yī ge xiǎoshí | 了<br>le | 나는 그를<br>1시간째<br>기다리고 있다. |
| 我<br>Wǒ | 找<br>zhǎo | 了<br>le | 他<br>tā | 两个小时<br>liǎng ge xiǎoshí | 了<br>le | 나는 그를<br>2시간째<br>찾고 있다. |

## (4) 비지속동사와 시량보어

 비지속동사 뒤에 쓰인 시량보어는 동작이 진행된 시간의 양을 나타내지 않고, 동작이 발생한 (완성된) 후 경과한 시간을 나타낸다.

### 1) 목적어가 없는 경우

| 주어 | 동사 | 了 | 시량보어 | 了 | 해석 |
|---|---|---|---|---|---|
| 他<br>Tā | 死<br>sǐ | 了<br>le | 两年<br>liǎng nián | 了<br>le | 그가 죽은 지<br>2년 되었다. |
| 他<br>Tā | 走<br>zǒu | 了<br>le | 两个小时<br>liǎng ge xiǎoshí | 了<br>le | 그가 떠난 지<br>2시간 되었다. |

### 2) 목적어가 있는 경우, 동사를 반복하지 않고 목적어 뒤에 바로 시량보어를 쓴다. 이때 동사 뒤에 동태조사 '了'를 쓰지 않는다.

| 주어 | 동사 | 목적어 | 시량보어 | 了 | 해석 |
|---|---|---|---|---|---|
| 他<br>Tā | 来<br>lái | 首尔<br>Shǒu'ěr | 半年<br>bànnián | 了<br>le | 그는 서울에 온 지<br>6개월 되었다. |
| 他<br>Tā | 结婚<br>jiéhūn | | 五年<br>wǔnián | 了<br>le | 그는 결혼한 지<br>5년 되었다. |

## 확인학습 4

**》》》 다음 문장을 중국어로 옮기시오.**

**1.** 그는 수업을 3시간 동안 했다.

》》》 _____

**2.** 그는 중국어를 2년 동안 배웠다.

》》》 _____

**3.** 그는 차를 1시간 동안 기다렸다.

》》》 _____

**4.** 그녀는 밥을 2시간 동안 먹었다.

》》》 _____

**5.** 그녀는 책을 3일 동안 봤다.

》》》 _____

**6.** 그녀는 음악을 이틀 동안 들었다.

》》》 _____

**7.** 나는 그를 1시간 동안 기다렸다.

》》》 _____

**8.** 나는 그를 2시간 동안 찾았다.

》》》 _____

**9.** 나는 그를 1시간째 기다리고 있다.

》》》 _____

**10.** 나는 그를 2시간째 찾고 있다.

》》》 _____

**11.** 그가 죽은 지 2년 되었다.

>> _____

**12.** 그가 떠난 지 2시간 되었다.

>> _____

**13.** 그는 서울에 온 지 6개월 되었다.

>> _____

**14.** 그는 결혼한 지 5년 되었다.

>> _____

## 연습문제

1. 다음 문장을 해석하시오.

**1)** 他上了三节。

　》 _____

**2)** 他学了两年。

　》 _____

**3)** 他听了一个小时。

　》 _____

**4)** 她吃了两个小时。

　》 _____

**5)** 她看了三天。

　》 _____

**6)** 她休息了两天。

　》 _____

**7)** 他上了三节了。

　》 _____

**8)** 他学了两年了。

　》 _____

**9)** 他听了一个小时了。

　》 _____

10) 她吃了两个小时了。

　　≫ _____

11) 她看了三天了。

　　≫ _____

12) 她休息了两天了。

　　≫ _____

13) 他没(有)上三节。

　　≫ _____

14) 他没(有)学两年。

　　≫ _____

15) 他没(有)听一个小时。

　　≫ _____

16) 她没(有)吃两个小时。

　　≫ _____

17) 她没(有)看三天。

　　≫ _____

18) 她没(有)休息两天。

　　≫ _____

19) 他上课上了三节。

　　≫ _____

20) 他学汉语学了两年。

　　≫ _____

21) 他等车等了一个小时。

　　≫ _____

**22)** 她吃饭吃了两个小时。

   》 _____

**23)** 她看书看了三天。

   》 _____

**24)** 她听音乐听了两天。

   》 _____

**25)** 他上了三节(的)课。

   》 _____

**26)** 他学了两年(的)汉语。

   》 _____

**27)** 他等了一个小时(的)车。

   》 _____

**28)** 她吃了两个小时(的)饭。

   》 _____

**29)** 她看了三天(的)书。

   》 _____

**30)** 她听了两天(的)音乐。

   》 _____

**31)** 我等了他一个小时。

   》 _____

**32)** 我找了他两个小时。

   》 _____

**33)** 我等了他一个小时了。

   》 _____

**34)** 我找了他两个小时了。

>> _____

**35)** 他死了两年了。

>> _____

**36)** 他走了两个小时了。

>> _____

**37)** 他来首儿半年了。

>> _____

**38)** 他结婚五年了。

>> _____

**2. 괄호 안의 단어를 선택해서 다음 문장을 중국어로 옮기시오.**

  **1)** 그들은 2시간 동안 노래했다.

    (他们 / 了 /小时 / 唱 / 两个 / 了)

>> _____

  **2)** 나는 일주일째 기다리고 있다.

    (我 / 了 / 等 / 一个星期 / 了)

>> _____

  **3)** 나는 중국에 온 지 3주 되었다.

    (我 / 中国 / 三个星期 / 了 / 来)

>> _____

  **4)** 그들은 2시간 동안 먹지 않았다.

    (他们 / 不 / 没有 / 两个小时 / 吃)

>> _____

**5)** 우리는 중국어를 6개월 동안 배웠다.

(我们 / 汉语 / 半年 / 的 / 学 / 了)

》》》 _____

**6)** 우리는 3시간 동안 축구를 했다.

(我们 / 了 / 三个小时 / 足球 / 踢 / 的)

》》》 _____

**7)** 나는 아이를 2시간 동안 찾았다.

(我 / 找 / 两个小时 / 孩子 / 了)

》》》 _____

**8)** 우리는 선생님을 30분 동안 기다렸다.

(我们 / 等 / 半个小时 / 了 / 老师)

》》》 _____

**9)** 기차가 출발한 지 1시간 되었다.

(火车 / 一个小时 / 开 / 了)

》》》 _____

**10)** 강아지가 죽은 지 일주일 되었다.

(小狗 / 死 / 一个星期 / 了)

》》》 _____

## 3. 다음 문장을 중국어로 옮기시오.

**1)** 언니는 3시간 동안 연습했다.

》》》 _____

**2)** 그의 지갑은 잃어버린 지 한 달 되었다.

》》》 _____

**3)** 남동생은 밤새도록 텔레비전을 봤다

&#187;&#187; _____

**4)** 샤오왕은 3년간 태극권을 연마했다.

&#187;&#187; _____

**5)** 우리는 오전에 중국어 수업을 4시간 동안 했다.

&#187;&#187; _____

**6)** 그들은 이미 졸업한 지 2년 되었다.

&#187;&#187; _____

**7)** 우리는 귀국한 지 두 달 되었다.

&#187;&#187; _____

**8)** 언니는 반나절 동안 빨래를 했다.

&#187;&#187; _____

**9)** 오늘 우리는 3시간 동안 회의를 했다

&#187;&#187; _____

**10)** 왕 선생님은 7시간 동안 비행기를 타셨다.

&#187;&#187; _____

# MEMO

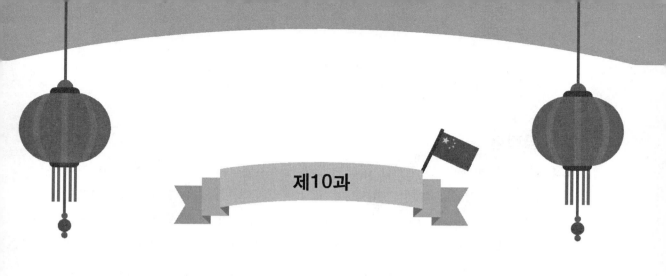

제10과

# '把'자문

원포인트

'把'자문은 일반 동사술어문으로 바꿔 쓸 수도 있다. 그러나 일반 동사술어문은 단순히 주어가 어떤 동작을 했는지를 나타내는 반면 '把'자문은 목적어인 사물에 '어떤 행위나 처치를 가한다'는 의미, 즉 '누가 → 무엇을 → 어떤 동작으로 → 어떻게 처치했는지'를 나타낸다. 따라서 '把'자문을 '처치문'이라고도 한다.

'把'자문은 동작을 통해 사물의 위치가 이동되거나, 형태가 변화하거나, 어떤 영향을 주거나, 어떤 결과가 나타나는지를 강조하기 때문에 판단, 존재, 감각, 인지, 심리, 방향을 나타내는 동사 '是, 像, 有, 在, 看见, 觉得, 知道, 喜欢, 来, 去' 등은 '把'자문에 쓸 수 없다.

## (1) 긍정형

➡️ 개사 '把'를 써서 목적어를 동사 앞으로 끌어내는 '주어+把+목적어+동사+기타 성분'의 형식을 취한다. '把'자문은 목적어의 처치 결과가 구체적으로 보여야 하므로, 동사 뒤에 반드시 기타 성분이 필요하다. 기타 성분 중 자주 볼 수 있는 것으로는 동태조사 '了, 着', 동사 중첩, 결과보어, 정도보어, 방향보어 등이 있다.

| 주어 | 把 | 목적어 | 동사 | 기타 성분 동태조사/ 중첩형식/보어 | | 해석 |
|---|---|---|---|---|---|---|
| 我 Wǒ | 把 bǎ | 票 piào | 丢 diū | 了 le | | 나는 표를 잃어버렸다. |
| 我 Wǒ | 把 bǎ | 那件事 nà jiàn shì | 忘 wàng | 了 le | | 나는 그 일을 잊어버렸다. |
| 老师 Lǎoshī | 把 bǎ | 中国文化 Zhōngguó wénhuà | 讲 jiǎng | 讲 jiǎng | 了 le | 선생님은 중국문화를 강의하셨다. |
| 她 Tā | 把 bǎ | 照相机 zhàoxiàngjī | 带 dài | 来 lái | 了 le | 그녀는 사진기를 가져왔다. |
| 他 Tā | 把 bǎ | 那本书 nà běn shū | 借 jiè | 来 lái | 了 le | 그는 그 책을 빌려왔다. |
| 我 Wǒ | 把 bǎ | 那件事 nà jiàn shì | 做 zuò | 好 hǎo | 了 le | 나는 그 일을 잘 처리했다. |

## 확인학습 1

≫ 다음 문장을 중국어로 옮기시오.

1. 나는 표를 잃어버렸다.

　≫ _____

2. 나는 그 일을 잊어버렸다.

　≫ _____

3. 선생님은 중국문화를 강의하셨다.

　≫ _____

4. 그녀는 사진기를 가져왔다.

　≫ _____

5. 그는 그 책을 빌려왔다.

　≫ _____

6. 나는 그 일을 잘 처리했다.

　≫ _____

7. 나는 그 책을 다 읽었다.

　≫ _____

8. 우리는 이 문장을 외웠다.

　≫ _____

9. 나는 자전거를 다 수리했다.

　≫ _____

10. 나는 방을 깨끗이 청소했다.

　≫ _____

## (2) '把'자문에서 부사나 조동사는 '把'의 앞에 쓴다.

| 주어 | 부사/<br>조동사 | 把 | 목적어 | 동사 | 기타<br>성분 | 해석 |
|---|---|---|---|---|---|---|
| 我<br>Wǒ | 已经<br>yǐjing | 把<br>bǎ | 票<br>piào | 丢<br>diū | 了<br>le | 나는 이미<br>표를 잃어버렸다. |
| 我<br>Wǒ | 已经<br>yǐjing | 把<br>bǎ | 那件事<br>nà jiàn shì | 忘<br>wàng | 了<br>le | 나는 이미<br>그 일을 잊어버렸다. |
| 老师<br>Lǎoshī | 已经<br>yǐjing | 把<br>bǎ | 中国文化<br>Zhōngguó<br>wénhuà | 讲<br>jiǎng | 讲了<br>jiǎng le | 선생님은 이미<br>중국문화를 강의하셨다. |
| 她<br>Tā | 没(有)<br>méi(yǒu) | 把<br>bǎ | 照相机<br>zhàoxiàngjī | 带<br>dài | 来<br>lái | 그녀는 사진기를<br>가져오지 않았다. |
| 他<br>Tā | 没(有)<br>méi(yǒu) | 把<br>bǎ | 那本书<br>nà běn shū | 借<br>jiè | 来<br>lái | 그는 그 책을<br>빌려오지 않았다. |
| 我<br>Wǒ | 没(有)<br>méi(yǒu) | 把<br>bǎ | 那本书<br>nà běn shū | 看<br>kàn | 完<br>wán | 나는 그 책을<br>다 읽지 않았다. |
| 我<br>Wǒ | 没(有)<br>méi(yǒu) | 把<br>bǎ | 那件事<br>nà jiàn shì | 做<br>zuò | 好<br>hǎo | 나는 그 일을<br>잘 처리하지 않았다. |
| 我们<br>Wǒmen | 可以<br>kěyǐ | 把<br>bǎ | 这篇文章<br>zhè piān<br>wénzhāng | 背<br>bèi | 出来<br>chūlái | 우리는 이 문장을<br>외울 수 있다. |
| 你们<br>Nǐmen | 一定要<br>yīdìng yào | 把<br>bǎ | 汉语<br>hànyǔ | 学<br>xué | 好<br>hǎo | 너희는 꼭 중국어를<br>잘 배워야 한다. |

## 확인학습 2

》》 다음 문장을 중국어로 옮기시오.

**1.** 나는 이미 표를 잃어버렸다.

》》 _____

**2.** 나는 이미 그 일을 잊어버렸다.

》》 _____

**3.** 선생님은 이미 중국문화를 강의하셨다.

》》 _____

**4.** 그녀는 사진기를 가져오지 않았다.

》》 _____

**5.** 그는 그 책을 빌려오지 않았다.

》》 _____

**6.** 나는 그 책을 다 읽지 않았다.

》》 _____

**7.** 나는 그 일을 잘 처리하지 않았다.

》》 _____

**8.** 우리는 이 문장을 외울 수 있다.

》》 _____

**9.** 너희는 꼭 중국어를 잘 배워야 한다.

》》 _____

**10.** 나는 아직 이 책을 다 읽지 않았다.

》》 _____

## (3) '把'자문에 자주 쓰이는 결과보어

**1) 到**  주로 뒤에 장소를 나타내는 목적어가 와서 어떤 사람이나 사물이 그 장소에 도달했음을 나타낸다.

| 주어 | 把 | 목적어 | 동사 | 기타 성분 | | | | 해석 |
|---|---|---|---|---|---|---|---|---|
| | | | | 到 | 장소 | 去 | 了 | |
| 他<br>Tā | 把<br>bǎ | 孩子们<br>háizimen | 送<br>sòng | 到<br>dào | 家里<br>jiālǐ | 去<br>qù | 了<br>le | 그는 아이들을<br>집까지 바래다주었다. |
| 他<br>Tā | 把<br>bǎ | 行李<br>xíngli | 搬<br>bān | 到<br>dào | 楼上<br>lóushàng | 去<br>qù | 了<br>le | 그는 짐을<br>위층으로 옮겼다. |

**2) 在**  주로 뒤에 장소를 나타내는 목적어가 와서 어떤 사람이나 사물이 그 장소에 존재함을 나타낸다.

| 주어 | 把 | 목적어 | 동사 | 기타 성분 | | | 해석 |
|---|---|---|---|---|---|---|---|
| | | | | 在 | 장소 | 了 | |
| 我<br>Wǒ | 把<br>bǎ | 汽车<br>qìchē | 停<br>tíng | 在<br>zài | 门口<br>ménkǒu | 了<br>le | 나는 차를<br>입구에 주차해 놓았다. |
| 我<br>Wǒ | 把<br>bǎ | 钥匙<br>yàoshi | 忘<br>wàng | 在<br>zài | 房间里<br>fángjiānlǐ | 了<br>le | 나는 깜빡하고 열쇠를<br>방안에 두었다. |

**3)** 给 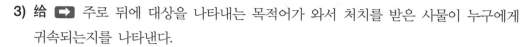 주로 뒤에 대상을 나타내는 목적어가 와서 처치를 받은 사물이 누구에게 귀속되는지를 나타낸다.

| 주어 | 把 | 목적어 | 동사 | 기타 성분 | | | 해석 |
| --- | --- | --- | --- | --- | --- | --- | --- |
| | | | | 给 | 대상 | 了 | |
| 他<br>Tā | 把<br>bǎ | 毛衣<br>máoyī | 送<br>sòng | 给<br>gěi | 女朋友<br>nǚpéngyou | 了<br>le | 그는 스웨터를<br>여자친구에게<br>선물했다. |
| 他<br>Tā | 把<br>bǎ | 那本书<br>nà běn shū | 还<br>huán | 给<br>gěi | 图书馆<br>túshūguǎn | 了<br>le | 그는 그 책을<br>도서관에<br>반납했다. |

**4)** 成 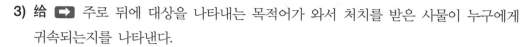 주로 뒤에 결과를 나타내는 목적어가 와서 처치를 받은 사물이 동작을 통해 무엇으로 변했는지를 나타낸다.

| 주어 | 把 | 목적어 | 동사 | 기타 성분 | | | 해석 |
| --- | --- | --- | --- | --- | --- | --- | --- |
| | | | | 成 | 결과 | 了 | |
| 我<br>Wǒ | 把<br>bǎ | 这本书<br>zhè běn shū | 翻译<br>fānyì | 成<br>chéng | 中文<br>zhōngwén | 了<br>le | 나는 이 책을<br>중국어로<br>번역했다. |
| 他<br>Tā | 把<br>bǎ | 那个句子<br>nà ge jùzi | 改<br>gǎi | 成<br>chéng | '把'字句<br>'bǎ'zìjù | 了<br>le | 그는 그 문장을<br>'把'자문으로<br>고쳤다. |

**5) 做** ➡ 주로 뒤에 결과를 나타내는 목적어가 와서 처치를 받은 사물이 동작을 통해 무엇이 되었는지를 나타낸다.

| 주어 | 把 | 목적어 | 동사 | 기타 성분 | | 해석 |
|------|-----|--------|------|-----------|------|------|
| | | | | 做 | 결과 | |
| 他们<br>Tāmen | 把<br>bǎ | 我<br>wǒ | 看<br>kàn | 做<br>zuò | 英雄<br>yīngxióng | 그들은 나를<br>영웅으로 생각한다. |
| 我们<br>Wǒmen | 把<br>bǎ | 它<br>tā | 叫<br>jiào | 做<br>zuò | 成功<br>chénggōng | 우리는 그것을<br>성공이라고 부른다. |

## 확인학습 3

>>> 다음 문장을 중국어로 옮기시오.

1. 그는 아이들을 집까지 바래다주었다.

   >>> _____

2. 그는 짐을 위층으로 옮겼다.

   >>> _____

3. 나는 차를 입구에 주차해 놓았다.

   >>> _____

4. 나는 깜빡하고 열쇠를 방안에 두었다.

   >>> _____

5. 그는 스웨터를 여자친구에게 선물했다.

   >>> _____

6. 그는 그 책을 도서관에 반납했다.

   >>> _____

7. 나는 이 책을 중국어로 번역했다.

   >>> _____

8. 그는 그 문장을 '把'자문으로 고쳤다.

   >>> _____

9. 그들은 나를 영웅으로 생각한다.

   >>> _____

10. 우리는 그것을 성공이라고 부른다.

   >>> _____

## 연습문제

**1. 다음 문장을 해석하시오.**

**1)** 我已经把票丢了。

>> _____

**2)** 我已经把那件事忘了。

>> _____

**3)** 老师已经把中国文化讲讲了。

>> _____

**4)** 她没(有)把照相机带来。

>> _____

**5)** 他没(有)把那本书借来。

>> _____

**6)** 我没(有)把那本书看完。

>> _____

**7)** 我没(有)把那件事做好。

>> _____

**8)** 我们可以把这篇文章背出来。

>> _____

**9)** 你们一定要把汉语学好。

>> _____

10) 他把孩子们送到家里去了。

   》》 _____

11) 他把行李搬到楼上去了。

   》》 _____

12) 我把汽车停在门口了。

   》》 _____

13) 我把钥匙忘在房间里了。

   》》 _____

14) 他把毛衣送给女朋友了。

   》》 _____

15) 他把那本书还给图书馆了。

   》》 _____

16) 我把这本书翻译成中文了。

   》》 _____

17) 他把那个句子改成'把'字句了。

   》》 _____

18) 他门把我看做英雄。

   》》 _____

19) 我们把它叫做成功。

   》》 _____

## 2. 괄호 안의 단어를 선택해서 다음 문장을 중국어로 옮기시오.

1) 그는 책을 잃어버렸다.

   (他 / 把 / 丢 / 书 / 了)

   》》 _____

**2)** 그는 관광지를 소개했다.

(他 / 把 / 介绍介绍 / 旅游景点 / 了)

≫ _____

**3)** 모자를 벗어주세요.

(帽子 / 脱 / 请 / 把 / 下来)

≫ _____

**4)** 그는 문장을 외웠다.

(他 / 文章 / 把 / 出来 / 背 / 了)

≫ _____

**5)** 그는 문을 닫았다.

(他 / 关 / 了 / 把 / 门 / 上)

≫ _____

**6)** 그녀는 스웨터를 깨끗이 빨았다.

(她 / 好 / 洗 / 了 / 把 / 毛衣)

≫ _____

**7)** 우리는 이미 짐을 다 쌌다.

(我们 / 收 / 已经 / 把 / 好 / 行李 / 了)

≫ _____

**8)** 오늘은 책을 살 수 없었다.

(今天 / 没 / 买 / 把 / 书 / 能 / 到)

≫ _____

**9)** 너희들은 반드시 자전거를 여기에 세워야 한다.

(你们 / 在 / 应该 / 自行车 / 把 / 停 / 这儿)

≫ _____

10) 너희들은 반드시 문법을 마스터해야 한다.

(你们 / 一定 / 学 / 要 / 把 / 好 / 语法)

》 _____

11) 탁자를 여기로 옮겨주세요.

(请 / 搬 / 把 / 到 / 你 / 桌子 / 这儿)

》 _____

12) 당신의 여권번호를 여기에 적어주세요.

(你 / 把 / 的 / 请 / 写 / 护照号码 / 在 / 这儿)

》 _____

13) 우리는 선생님께 선물을 보냈다.

(我们 / 把 / 送 / 礼物 / 给 / 老师 / 了)

》 _____

14) 나는 중국어를 한국어로 번역했다.

(我 / 成 / 把 / 翻译 / 汉语 / 韩语 / 了)

》 _____

15) 나는 그것을 성공이라고 여기지 않는다.

(我 / 把 / 成功 / 它 / 看做 / 没有)

》 _____

## 3. 다음 문장을 중국어로 옮기시오.

1) 언니는 여름옷을 세탁했다.

》 _____

2) 여러분 이 과의 본문을 읽으세요.

》 _____

3) 여러분 내일 중한사전을 가져오세요.

　　》 _____

4) 그는 나에게 영어책을 보내지 않았다.

　　》 _____

5) 오늘 아침 나는 남동생을 공항까지 바래다주었다.

　　》 _____

6) 나는 이 책을 한국어로 번역하고 싶다.

　　》 _____

7) 선생님은 슈퍼에서 사온 과일을 저에게 주셨습니다.

　　》 _____

8) 나는 이 일을 그에게 알려주었다.

　　》 _____

9) 샤오왕은 교실을 깨끗하게 청소했다.

　　》 _____

10) 나는 오늘 우산을 가져오지 않았다.

　　》 _____

# 제11과

# '被'자문

원포인트

'被'자문은 '주어가 어떤 사람이나 사물에 의해 어떤 일을 당했다'는 의미를 나타낼 때 쓰이며, 주어와 행위자 사이에 '被, 让, 叫' 등을 써서 양자 사이의 피동관계를 나타낸다.

## (1) 긍정형

 기본 구조는 '주어+被(让, 叫)+행위자+동사+기타 성분(동태조사/결과보어/방향
보어)'이다

| 주어 | 被<br>让/叫 | 행위자 | 동사 | 기타 성분 | 해석 |
|---|---|---|---|---|---|
| 鱼<br>Yǔ | 被<br>bèi | 猫<br>māo | 吃<br>chī | 了<br>le | 생선은<br>고양이가 먹어버렸다. |
| 她<br>Tā | 被<br>bèi | 朋友<br>péngyou | 救活<br>jiùhuó | 了<br>le | 그녀는<br>친구에 의해 생명을<br>구했다. |
| 她<br>Tā | 被<br>bèi | 雨<br>yǔ | 淋湿<br>línshī | 了<br>le | 그녀는<br>비에 젖었다. |
| 窗户<br>Chuānghu | 被<br>bèi | 小孩子<br>xiǎoháizi | 打<br>dǎ | 碎了<br>suì le | 창문은<br>아이가 깨뜨렸다. |
| 钱<br>Qián | 被<br>bèi | 小偷儿<br>xiǎotōuér | 偷<br>tōu | 走了<br>zǒu le | 돈은<br>좀도둑이 훔쳐갔다. |
| 小孩子<br>Xiǎoháizi | 被<br>bèi | 妈妈<br>māma | 带<br>dài | 走了<br>zǒu le | 아이는<br>엄마가 데리고 갔다. |
| 他<br>Tā | 被<br>bèi | 警察<br>jǐngchá | 绑<br>bǎng | 起来了<br>qǐlái le | 그는<br>경찰에 의해 묶여졌다. |

# 확인학습 1

>>> **다음 문장을 중국어로 옮기시오.**

**1.** 생선은 고양이가 먹어 버렸다.

>>> _____

**2.** 그녀는 친구에 의해 생명을 구했다.

>>> _____

**3.** 그녀는 비에 젖었다.

>>> _____

**4.** 창문은 아이가 깨뜨렸다

>>> _____

**5.** 돈은 좀도둑이 훔쳐갔다.

>>> _____

**6.** 아이는 엄마가 데리고 갔다.

>>> _____

**7.** 그는 경찰에 의해 묶여졌다.

>>> _____

**8.** 샤오왕은 라오리가 불러서 갔다.

>>> _____

**9.** 그는 선생님께 혼이 났다.

>>> _____

**10.** 그는 우리에게 속았다.

>>> _____

(2) 동작의 주체가 분명하지 않은 경우, 행위자에 불특정한 누군
가를 지칭하는 '人'을 쓸 수 있다.

| 주어 | 被<br>让/叫 | 행위자 | 동사 | 기타<br>성분 | 해석 |
|---|---|---|---|---|---|
| 鱼<br>Yǔ | 被<br>bèi | 人<br>rén | 吃<br>chī | 了<br>le | 생선은<br>누군가가 먹어버렸다. |
| 她<br>Tā | 被<br>bèi | 人<br>rén | 救活<br>jiùhuó | 了<br>le | 그녀는 누군가에 의해<br>생명을 구했다. |
| 窗户<br>Chuānghu | 被<br>bèi | 人<br>rén | 打<br>dǎ | 碎了<br>suì le | 창문은<br>누군가가 깨뜨렸다. |
| 钱<br>Qián | 被<br>bèi | 人<br>rén | 偷<br>tōu | 走了<br>zǒu le | 돈은<br>누군가가 훔쳐갔다. |
| 那本书<br>Nàběnshū | 被<br>bèi | 人<br>rén | 拿<br>ná | 走了<br>zǒu le | 그 책은<br>누군가가 가져갔다. |
| 小孩子<br>Xiǎoháizi | 被<br>bèi | 人<br>rén | 带<br>dài | 走了<br>zǒu le | 아이는<br>누군가가 데리고 갔다. |

## 확인학습 2

>>> 다음 문장을 중국어로 옮기시오.

**1.** 생선은 누군가가 먹어 버렸다.

>> _____

**2.** 그녀는 누군가에 의해 생명을 구했다.

>> _____

**3.** 창문은 누군가가 깨뜨렸다

>> _____

**4.** 돈은 누군가가 훔쳐갔다.

>> _____

**5.** 그 책은 누군가가 가져갔다.

>> _____

**6.** 아이는 누군가가 데리고 갔다.

>> _____

**7.** 샤오왕은 누군가가 불러서 갔다.

>> _____

**8.** 그는 누군가에게 설득되었다.

>> _____

**9.** 그는 누군가에게 혼이 났다.

>> _____

**10.** 그는 누군가에게 속았다.

>> _____

(3) 동작의 주체를 밝힐 필요가 없는 경우, '被'는 바로 동사와 결합
하기도 한다. 그러나 '让'과 '叫'는 반드시 동작의 주체가 있어
야 한다.

| 주어 | 被 | 동사 | 기타 성분 동태조사/ 결과보어/ 방향보어 | 해석 |
|---|---|---|---|---|
| 鱼 Yǔ | 被 bèi | 吃 chī | 了 le | 생선은 먹어버렸다. |
| 她 Tā | 被 bèi | 救活 jiùhuó | 了 le | 그녀는 생명을 구했다. |
| 窗户 Chuānghu | 被 bèi | 打 dǎ | 碎了 suì le | 창문은 깨졌다. |
| 钱 Qián | 被 bèi | 偷 tōu | 走了 zǒu le | 돈은 훔쳐갔다. |
| 那本书 Nàběnshū | 被 bèi | 拿 ná | 走了 zǒu le | 그 책은 가져갔다. |
| 小孩子 Xiǎoháizi | 被 bèi | 带 dài | 走了 zǒu le | 아이는 데리고 갔다. |

## 확인학습 3

>>> 다음 문장을 중국어로 옮기시오.

**1.** 생선은 먹어 버렸다.

>> _____

**2.** 그녀는 생명을 구했다.

>> _____

**3.** 창문은 깨졌다.

>> _____

**4.** 돈은 훔쳐갔다.

>> _____

**5.** 그 책은 가져갔다.

>> _____

**6.** 아이는 데리고 갔다.

>> _____

**7.** 샤오왕은 불러서 갔다.

>> _____

**8.** 그는 설득되었다.

>> _____

**9.** 그는 혼이 났다.

>> _____

**10.** 그는 속았다.

>> _____

## (4) 부사와 조동사의 위치

➡ 일반적으로 '被, 让, 叫'의 앞에 온다.

| 주어 | 부사/조동사 | 被 | 행위자 | 동사 | 기타 성분 | 해석 |
|---|---|---|---|---|---|---|
| 她<br>Tā | 没<br>méi | 被<br>bèi | 雨<br>yǔ | 淋湿<br>línshī | 了<br>le | 그녀는 비에 젖지 않았다. |
| 窗户<br>Chuānghu | 没<br>méi | 被<br>bèi | 小孩子<br>xiǎoháizi | 打<br>dǎ | 碎了<br>suì le | 창문은 아이가 깨뜨리지 않았다. |
| 小孩子<br>Xiǎoháizi | 没<br>méi | 被<br>bèi | 妈妈<br>māma | 带<br>dài | 走了<br>zǒu le | 아이는 엄마가 데리고 가지 않았다. |
| 鱼<br>Yú | 已经<br>yǐjing | 被<br>bèi | 猫<br>māo | 吃<br>chī | 了<br>le | 생선은 이미 고양이가 먹어버렸다. |
| 她<br>Tā | 已经<br>yǐjing | 被<br>bèi | 朋友<br>péngyou | 救活<br>jiùhuó | 了<br>le | 그녀는 이미 친구에 의해 생명을 구했다. |
| 钱<br>Qián | 已经<br>yǐjing | 被<br>bèi | 谁<br>shuí | 偷<br>tōu | 走了<br>zǒu le | 돈은 이미 누군가가 훔쳐갔다. |

## 확인학습 4

>>> 다음 문장을 중국어로 옮기시오.

1. 그녀는 비에 젖지 않았다.

   >>> _____

2. 창문은 아이가 깨뜨리지 않았다.

   >>> _____

3. 아이는 엄마가 데리고 가지 않았다.

   >>> _____

4. 생선은 이미 고양이가 먹어 버렸다.

   >>> _____

5. 그녀는 이미 친구에 의해 생명을 구했다.

   >>> _____

6. 돈은 이미 누군가가 훔쳐갔다.

   >>> _____

7. 샤오왕은 이미 라오리가 불러서 갔다.

   >>> _____

8. 그는 이미 누나에게 설득되었다.

   >>> _____

9. 그는 이미 선생님께 혼이 났다.

   >>> _____

10. 그는 우리에게 속지 않았다.

    >>> _____

## 연습문제

### 1. 다음 문장을 해석하시오.

**1)** 鱼被猫吃了。

》 _____

**2)** 她被朋友救活了。

》 _____

**3)** 她被雨淋湿了。

》 _____

**4)** 窗户被小孩子打碎了。

》 _____

**5)** 钱被小偷儿偷走了。

》 _____

**6)** 小孩子被妈妈带走了。

》 _____

**7)** 他被警察绑起来了。

》 _____

**8)** 鱼被人吃了。

》 _____

**9)** 她被人救活了。

》 _____

10) 窗户被人打碎了。

  》》 _____

11) 钱被人偷走了。

  》》 _____

12) 那本书被人拿走了。

  》》 _____

13) 小孩子被人带走了。

  》》 _____

14) 鱼被吃了。

  》》 _____

15) 她被救活了。

  》》 _____

16) 窗户被打碎了。

  》》 _____

17) 钱被偷走了。

  》》 _____

18) 那本书被拿走了。

  》》 _____

19) 小孩子被带走了。

  》》 _____

20) 她没被雨淋湿了。

  》》 _____

21) 窗户没被小孩子打碎了。

  》》 _____

**22)** 小孩子没被妈妈带走了。

》 _____

**23)** 鱼已经被猫吃了。

》 _____

**24)** 她已经被朋友救活了。

》 _____

**25)** 钱已经被谁偷走了。

》 _____


## 2. 괄호 안의 단어를 선택해서 다음 문장을 중국어로 옮기시오.

**1)** 안경이 농구공에 맞아 깨졌다.

(篮球 / 眼镜 / 被 / 打碎了)

》 _____

**2)** 자전거를 누가 타고 가 버렸다.

(谁 / 自行车 / 骑 / 走了 / 被)

》 _____

**3)** 사전은 누군가가 빌려갔다.

(词典 / 借 / 走了 / 人 / 让)

》 _____

**4)** 머리가 비에 젖었다.

(头发 / 被 / 雨 / 淋湿 / 了)

》 _____

**5)** 창문이 깨졌다.

(窗户 / 被 / 打碎 / 了)

》 _____

**6)** 너의 계획은 틀림없이 실현될 것이다.

(你 / 实现 / 的 / 被 / 一定 / 计划 / 会)

》 _____

**7)** 학생들의 부탁이 선생님에게 받아들여지지 않았다.

(学生们 / 的 / 请求 / 接受 / 没 / 老师 / 被)

》 _____

**8)** 그는 아직 예전 학우들에게 잊혀지지 않았다.

(被 / 还没 / 以前的同学/ 忘记 / 他)

》 _____

**9)** 네가 어떻게 그에게 사기를 당할 수 있어?

(怎么 / 他 / 你 / 了 / 欺骗 / 被 / 会)

》 _____

**10)** 탁자 위의 신문이 모두 바람에 날아갔다.

(报纸 / 风 / 走了 / 吹 / 都 / 的 / 桌子上 / 被 )

》 _____

## 3. 다음 문장을 중국어로 옮기시오.

**1)** 내 사전은 샤오왕이 가져갔다.

》 _____

**2)** 내 여동생이 개한테 물렸다.

》 _____

**3)** 그는 택시에 치어 다쳤다.

》 _____

**4)** 내 옷은 샤오왕이 더럽혔다.

&raquo; _____

**5)** 컵은 남동생이 깨뜨렸다.

&raquo; _____

**6)** 그녀는 지금까지 아버지께 맞은 적이 없다.

&raquo; _____

**7)** 내 자전거는 방금 남동생이 타고 갔다.

&raquo; _____

**8)** 그 차는 그에 의해 수리되었다.

&raquo; _____

**9)** 나는 아름다운 산수화에 매료되었다.

&raquo; _____

**10)** 문이 바람에 열렸다.

&raquo; _____

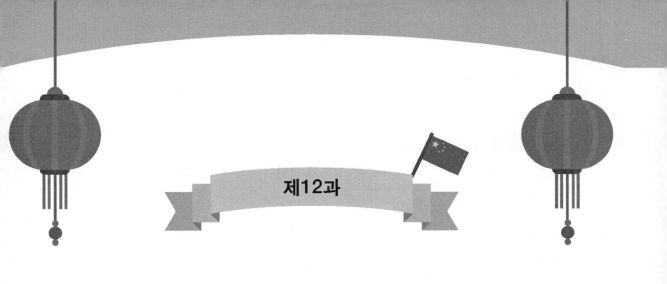

제12과

# 비교문

원포인트

　비교문은 사람이나 사물의 성질이나 상태 또는 정도의 차이를 나타내는 문형으로 의미에 따라 여러 가지 형식으로 표현 할 수 있다.

## (1) '比'를 쓰는 비교문

➡ 개사 '比'를 써서 주어와 비교 대상의 차이나 우열을 비교하는 문형으로, '比'자 문이라 한다.

### 1) 긍정형

➡ 기본 구조는 'A+比+B+술어'이고, 이때 술어는 주로 형용사(구)로 충당된다.

| 주어 | 比 | 비교 대상 | 술어 | 해석 |
|---|---|---|---|---|
| 这个<br>Zhè ge | 比<br>bǐ | 那个<br>nà ge | 好<br>hǎo | 이것이 저것보다<br>좋다. |
| 你的<br>Nǐ de | 比<br>bǐ | 他的<br>tā de | 贵<br>guì | 네 것이 그의 것보다<br>비싸다. |
| 中国<br>Zhōngguó | 比<br>bǐ | 韩国<br>Hánguó | 大<br>dà | 중국이 한국보다<br>크다. |
| 今天<br>Jīntiān | 比<br>bǐ | 昨天<br>zuótiān | 冷<br>lěng | 오늘이 어제보다<br>춥다. |
| 他<br>Tā | 比<br>bǐ | 我<br>wǒ | 大<br>dà | 그가 나보다<br>나이가 많다. |
| 我<br>Wǒ | 比<br>bǐ | 他<br>tā | 高<br>gāo | 내가 그보다<br>키가 크다. |

## 확인학습 1

>>> **다음 문장을 중국어로 옮기시오.**

1. 이것이 저것보다 좋다.

   >>> _____

2. 네 것이 그의 것보다 비싸다.

   >>> _____

3. 중국이 한국보다 크다.

   >>> _____

4. 오늘이 어제보다 춥다.

   >>> _____

5. 그가 나보다 나이가 많다.

   >>> _____

6. 내가 그보다 키가 크다.

   >>> _____

7. 서울이 북경보다 번화하다.

   >>> _____

8. 언니가 나보다 예쁘다.

   >>> _____

9. 이 책이 저 책보다 두껍다.

   >>> _____

10. 오빠 월급이 내 월급보다 많다.

    >>> _____

2) 비교 결과의 차이나 우열을 강조하기 위해서 술어 앞에 '更', '还' 등의 부사를 쓰기도 한다.

| 주어 | 比 | 비교 대상 | 更 / 还 | 술어 | 해석 |
|------|-----|-----------|---------|------|------|
| 这个<br>Zhè ge | 比<br>bǐ | 那个<br>nà ge | 更 / 还<br>gèng / hái | 好<br>hǎo | 이것이 저것보다<br>더(훨씬) 좋다. |
| 你的<br>Nǐ de | 比<br>bǐ | 他的<br>tā de | 更 / 还<br>gèng / hái | 贵<br>guì | 네 것이 그의 것보다<br>더(훨씬) 비싸다. |
| 中国<br>Zhōngguó | 比<br>bǐ | 韩国<br>Hánguó | 更 / 还<br>gèng / hái | 大<br>dà | 중국이 한국보다<br>더(훨씬) 크다. |
| 今天<br>Jīntiān | 比<br>bǐ | 昨天<br>zuótiān | 更 / 还<br>gèng / hái | 冷<br>lěng | 오늘이 어제보다<br>더(훨씬) 춥다. |
| 他<br>Tā | 比<br>bǐ | 我<br>wǒ | 更 / 还<br>gèng / hái | 大<br>dà | 그가 나보다<br>더(훨씬) 나이가 많다. |
| 我<br>Wǒ | 比<br>bǐ | 他<br>tā | 更 / 还<br>gèng / hái | 高<br>gāo | 내가 그보다<br>더(훨씬) 키가 크다. |

## 3) '很', '非常'과 같은 부사는 사용할 수 없다.

| 주어 | 比 | 비교 대상 | 很 / 非常 | 술어 | 해석 |
|---|---|---|---|---|---|
| 这个<br>Zhè ge | 比<br>bǐ | 那个<br>nà ge | 很 / 非常<br>hěn / fēicháng | 好<br>hǎo | X |
| 你的<br>Nǐ de | 比<br>bǐ | 他的<br>tā de | 很 / 非常<br>hěn / fēicháng | 贵<br>guì | X |
| 中国<br>Zhōngguó | 比<br>bǐ | 韩国<br>Hánguó | 很 / 非常<br>hěn / fēicháng | 大<br>dà | X |
| 今天<br>Jīntiān | 比<br>bǐ | 昨天<br>zuótiān | 很 / 非常<br>hěn / fēicháng | 冷<br>lěng | X |
| 他<br>Tā | 比<br>bǐ | 我<br>wǒ | 很 / 非常<br>hěn / fēicháng | 大<br>dà | X |
| 我<br>Wǒ | 比<br>bǐ | 他<br>tā | 很 / 非常<br>hěn / fēicháng | 高<br>gāo | X |

## 확인학습 2

>>> 다음 문장을 중국어로 옮기시오.

**1.** 이것이 저것보다 더(훨씬) 좋다.

>>> _____

**2.** 네 것이 그의 것보다 더(훨씬) 비싸다.

>>> _____

**3.** 중국이 한국보다 더(훨씬) 크다.

>>> _____

**4.** 오늘이 어제보다 더(훨씬) 춥다.

>>> _____

**5.** 그가 나보다 더(훨씬) 나이가 많다.

>>> _____

**6.** 내가 그보다 더(훨씬) 키가 크다.

>>> _____

**7.** 서울이 북경보다 더(훨씬) 번화하다.

>>> _____

**8.** 언니가 나보다 더(훨씬) 예쁘다.

>>> _____

**9.** 이 책이 저 책보다 더(훨씬) 두껍다.

>>> _____

**10.** 오빠 월급이 내 월급보다 더(훨씬) 많다.

>>> _____

## 4) 부정형

➡ '比' 앞에 부정부사 '不'를 붙인다. 'A不比B~'는 'A는 B보다 ~하지 않다(한 것은 아니다)'는 뜻으로, 경우에 따라 'A는 B와 같을 수도 있다'는 의미를 나타낼 수도 있고, 'B가 A보다 더 ~할 수도 있다'는 의미를 나타낼 수도 있다.

| 주어 | 不 | 比 | 비교 대상 | 술어 | 해석 |
|------|-----|-----|----------|------|------|
| 这个<br>Zhè ge | 不<br>bù | 比<br>bǐ | 那个<br>nà ge | 好<br>hǎo | 이것은 저것보다 좋지 않다. |
| 你的<br>Nǐ de | 不<br>bù | 比<br>bǐ | 他的<br>tā de | 贵<br>guì | 네 것은 그의 것보다 비싸지 않다. |
| 首尔<br>Shǒu'ěr | 不<br>bù | 比<br>bǐ | 北京<br>Běijīng | 暖和<br>nuǎnhuo | 서울은 북경보다 따뜻하지 않다. |
| 今天<br>Jīntiān | 不<br>bù | 比<br>bǐ | 昨天<br>zuótiān | 冷<br>lěng | 오늘은 어제보다 춥지 않다. |
| 他<br>Tā | 不<br>bù | 比<br>bǐ | 我<br>wǒ | 大<br>dà | 그는 나보다 나이가 많지 않다. |
| 我<br>Wǒ | 不<br>bù | 比<br>bǐ | 他<br>tā | 高<br>gāo | 나는 그보다 키가 크지 않다. |

## 확인학습 3

≫≫ 다음 문장을 중국어로 옮기시오.

1. 이것은 저것보다 좋지 않다.

   ≫ _____

2. 네 것은 그의 것보다 비싸지 않다.

   ≫ _____

3. 서울은 북경보다 따뜻하지 않다.

   ≫ _____

4. 오늘은 어제보다 춥지 않다.

   ≫ _____

5. 그는 나보다 나이가 많지 않다.

   ≫ _____

6. 나는 그보다 키가 크지 않다.

   ≫ _____

7. 이곳은 그곳보다 번화하지 않다.

   ≫ _____

8. 그녀는 언니보다 예쁘지 않다.

   ≫ _____

9. 이 책은 저 책보다 두껍지 않다.

   ≫ _____

10. 오빠 월급은 내 월급보다 많지 않다.

    ≫ _____

5) 비교 결과의 구체적인 차이를 나타내고자 할 경우, 술어 뒤에 수량구를 쓴다.

| 주어 | 比 | 비교 대상 | 술어 | 수량구 | 해석 |
|---|---|---|---|---|---|
| 这个<br>Zhè ge | 比<br>bǐ | 那个<br>nà ge | 重<br>zhòng | 一公斤<br>yī gōngjīn | 이것이 저것보다<br>1kg 무겁다. |
| 你的<br>Nǐ de | 比<br>bǐ | 他的<br>tā de | 贵<br>guì | 一元<br>yī yuán | 네 것이 그의 것보다<br>1위엔 비싸다. |
| 一班<br>Yī bān | 比<br>bǐ | 二班<br>èr bān | 多<br>duō | 五个<br>wǔ ge | 1반이 2반보다<br>다섯 명 많다. |
| 我<br>Wǒ | 比<br>bǐ | 姐姐<br>jiějie | 小<br>xiǎo | 四岁<br>sì suì | 내가 언니보다<br>네 살 적다. |
| 他<br>Tā | 比<br>bǐ | 我<br>wǒ | 大<br>dà | 两岁<br>liǎng suì | 그가 나보다<br>두 살 많다. |
| 我<br>Wǒ | 比<br>bǐ | 他<br>tā | 高<br>gāo | 一公分<br>yī gōngfēn | 내가 그보다<br>1cm 크다. |

## 확인학습 4

>>> 다음 문장을 중국어로 옮기시오.

**1.** 이것이 저것보다 1kg 무겁다.

>> _____

**2.** 네 것이 그의 것보다 1위엔 비싸다.

>> _____

**3.** 1반이 2반보다 다섯 명 많다.

>> _____

**4.** 내가 언니보다 네 살 적다.

>> _____

**5.** 그가 나보다 두 살 많다.

>> _____

**6.** 내가 그보다 1cm 크다.

>> _____

**7.** 이것이 저것보다 1kg 가볍다.

>> _____

**8.** 네 것이 그의 것보다 1위엔 싸다.

>> _____

**9.** 1반이 2반보다 다섯 명 적다.

>> _____

**10.** 내가 그보다 1cm 작다.

>> _____

6) 비교 결과의 대체적인 차이를 나타내고자 할 경우, 차이가 크지 않으면 술어
　뒤에 '一点儿', '一些'를 쓰고, 차이가 크면 '得多', '多了'를 쓴다.

| 주어 | 比 | 비교 대상 | 술어 | 一点儿, 一些 /<br>得多, 多了 | 해석 |
|---|---|---|---|---|---|
| 这个<br>Zhè ge | 比<br>bǐ | 那个<br>nà ge | 好<br>hǎo | 一点儿 / 一些<br>yīdiǎnr / yīxiē | 이것이 저것보다<br>약간 좋다. |
| 你的<br>Nǐ de | 比<br>bǐ | 他的<br>tā de | 贵<br>guì | 一点儿 / 一些<br>yīdiǎnr / yīxiē | 네 것이 그의 것보다<br>약간 비싸다. |
| 今天<br>Jīntiān | 比<br>bǐ | 昨天<br>zuótiān | 冷<br>lěng | 一点儿 / 一些<br>yīdiǎnr / yīxiē | 오늘이 어제보다<br>약간 춥다. |
| 中国<br>Zhōngguó | 比<br>bǐ | 韩国<br>Hánguó | 大<br>dà | 得多 / 多了<br>de duō / duō le | 중국이 한국보다<br>훨씬 크다. |
| 他<br>Tā | 比<br>bǐ | 我<br>wǒ | 大<br>dà | 得多 / 多了<br>de duō / duō le | 그가 나보다<br>훨씬 나이가 많다. |
| 我<br>Wǒ | 比<br>bǐ | 他<br>tā | 高<br>gāo | 得多 / 多了<br>de duō / duō le | 내가 그보다<br>훨씬 키가 크다. |

## 확인학습 5

≫≫ 다음 문장을 중국어로 옮기시오.

1. 이것이 저것보다 약간 좋다.

   ≫ _____

2. 네 것이 그의 것보다 약간 비싸다.

   ≫ _____

3. 오늘이 어제보다 약간 춥다.

   ≫ _____

4. 남동생이 나보다 약간 키가 크다.

   ≫ _____

5. 그가 나보다 약간 나이가 많다.

   ≫ _____

6. 내가 그보다 훨씬 키가 크다.

   ≫ _____

7. 중국이 한국보다 훨씬 크다.

   ≫ _____

8. 이것이 저것보다 훨씬 좋다.

   ≫ _____

9. 네 것이 그의 것보다 훨씬 비싸다.

   ≫ _____

10. 오늘이 어제보다 훨씬 춥다.

   ≫ _____

## (2) '有'를 쓰는 비교문

➡ 주어가 비교 대상의 수준이나 정도에 도달했음을 나타낸다.

### 1) 긍정형

➡ 기본 구조는 'A+有+B(+这么/那么)+술어'이다.

| 주어 | 有 | 비교 대상 | (这么/那么) | 술어 | 해석 |
|---|---|---|---|---|---|
| 那个<br>Nà ge | 有<br>yǒu | 这个<br>zhè ge | (这么)<br>(zhème) | 好<br>hǎo | 저것은 이것만큼 (이렇게) 좋다. |
| 今天<br>Jīntiān | 有<br>yǒu | 昨天<br>zuótiān | (那么)<br>(nàme) | 冷<br>lěng | 오늘은 어제만큼 (그렇게) 춥다. |
| 这儿<br>Zhèr | 有<br>yǒu | 那儿<br>nàr | (那么)<br>(nàme) | 热<br>rè | 이곳은 그곳만큼 (그렇게) 덥다. |

## 2) 부정형

➡ 기본 구조는 'A+没有+B(+这么/那么)+술어'이다.

| 주어 | 没有 | 비교 대상 | (这么/那么) | 술어 | 해석 |
|------|------|---------|-----------|------|------|
| 那个<br>Nà ge | 没有<br>méiyǒu | 这个<br>zhè ge | (这么)<br>(zhème) | 好<br>hǎo | 저것은 이것만큼 (이렇게) 좋지 않다. |
| 今天<br>Jīntiān | 没有<br>méiyǒu | 昨天<br>zuótiān | (那么)<br>(nàme) | 冷<br>lěng | 오늘은 어제만큼 (그렇게) 춥지 않다. |
| 这儿<br>Zhèr | 没有<br>méiyǒu | 那儿<br>nàr | (那么)<br>(nàme) | 热<br>rè | 이곳은 그곳만큼 (그렇게) 덥지 않다. |

## 확인학습 6

>>> 다음 문장을 중국어로 옮기시오.

1. 저것은 이것만큼 (이렇게) 좋다.

   >>> _____

2. 오늘은 어제만큼 (그렇게) 춥다.

   >>> _____

3. 이곳은 그곳만큼 (그렇게) 덥다.

   >>> _____

4. 그는 너만큼 (그렇게) 키가 크다.

   >>> _____

5. 그녀는 나만큼 (이렇게) 나이를 먹었다.

   >>> _____

6. 저것은 이것만큼 (이렇게) 좋지 않다.

   >>> _____

7. 오늘은 어제만큼 (그렇게) 춥지 않다.

   >>> _____

8. 이곳은 그곳만큼 (그렇게) 덥지 않다.

   >>> _____

9. 우리 고향은 서울만큼 (그렇게) 번화하지 않다.

   >>> _____

10. 그곳의 물건은 이곳만큼 (그렇게) 싸지 않다.

    >>> _____

### (3) '～跟～一样'을 쓰는 비교문

➡ 주어와 비교 대상의 성질이나 모양이 같음을 나타낸다.

### 1) 긍정형

➡ 기본 어순은 'A跟B一样(+기타 성분)' 이다.

| 주어 | 跟 | 비교<br>대상 | 一样 | (기타 성분)<br>⇓<br>형용사/동사구 | 해석 |
|---|---|---|---|---|---|
| 这个<br>Zhè ge | 跟<br>gēn | 那个<br>nà ge | 一样<br>yīyàng | 好<br>hǎo | 이것은 저것과 같다<br>(똑같이 좋다). |
| 你的<br>Nǐ de | 跟<br>gēn | 他的<br>tā de | 一样<br>yīyàng | 贵<br>guì | 네 것은 그의 것과 같다<br>(똑같이 비싸다). |
| 他<br>Tā | 跟<br>gēn | 我<br>wǒ | 一样<br>yīyàng | 大<br>dà | 그는 나와 같다<br>(똑같이 나이 먹었다). |
| 他的看法<br>Tā de kànfǎ | 跟<br>gēn | 你的<br>(看法)<br>nǐ de<br>(kànfǎ) | 一样<br>yīyàng | 好<br>hǎo | 그의 의견은<br>네 의견과 같다<br>(똑같이 좋다). |
| 我<br>Wǒ | 跟<br>gēn | 你<br>nǐ | 一样<br>yīyàng | 喜欢看电影<br>xǐhuan kàn diànyǐng | 나는 너와 똑같이<br>영화 보는 것을<br>좋아한다. |
| 他<br>Tā | 跟<br>gēn | 我<br>wǒ | 一样<br>yīyàng | 喜欢喝咖啡<br>xǐhuan hē kāfēi | 그는 나와 똑같이<br>커피 마시는 것을<br>좋아한다. |

## 확인학습 7

》》 다음 문장을 중국어로 옮기시오.

1. 이것은 저것과 같다.

   》》 _____

2. 네 것은 그의 것과 같다.

   》》 _____

3. 그는 나와 같다.

   》》 _____

4. 이것은 저것과 똑같이 좋다.

   》》 _____

5. 네 것은 그의 것과 똑같이 비싸다.

   》》 _____

6. 그는 나와 똑같이 나이 먹었다.

   》》 _____

7. 그의 의견은 네 의견과 똑같이 좋다.

   》》 _____

8. 나는 너와 똑같이 영화 보는 것을 좋아한다.

   》》 _____

9. 그는 나와 똑같이 커피 마시는 것을 좋아한다.

   》》 _____

10. 그는 나와 똑같이 낚시하는 것을 좋아한다.

    》》 _____

## 2) 부정형

➡ 주로 '一样' 앞에 '不'를 붙이는 형식을 취한다.

| 주어 | 跟 | 비교<br>대상 | 不 | 一样 | 해석 |
|---|---|---|---|---|---|
| 这个<br>Zhè ge | 跟<br>gēn | 那个<br>nà ge | 不<br>bù | 一样<br>yīyàng | 이것은 저것과<br>같지 않다(다르다). |
| 你的<br>Nǐ de | 跟<br>gēn | 他的<br>tā de | 不<br>bù | 一样<br>yīyàng | 네 것은 그의 것과<br>같지 않다(다르다). |
| 他<br>Tā | 跟<br>gēn | 我<br>wǒ | 不<br>bù | 一样<br>yīyàng | 그는 나와<br>같지 않다(다르다). |
| 他的看法<br>Tā de kànfǎ | 跟<br>gēn | 你的(看法)<br>nǐ de (kànfǎ) | 不<br>bù | 一样<br>yīyàng | 그의 의견은 네 의견과<br>같지 않다(다르다). |
| 我的衣服<br>Wǒ de yīfu | 跟<br>gēn | 你的(衣服)<br>nǐ de (yīfu) | 不<br>bù | 一样<br>yīyàng | 내 옷은 네 옷과<br>같지 않다(다르다). |

## (4) 'A不如B'를 쓰는 비교문

➡ 주어가 비교 대상에 미치지 못함을 나타낸다.

| 주어 | 不如 | 비교 대상 | (这么/那么) | (술어) | 해석 |
|---|---|---|---|---|---|
| 这个<br>Zhè ge | 不如<br>bùrú | 那个<br>nà ge | | | 이것은<br>그것만 못하다. |
| 你的<br>Nǐ de | 不如<br>bùrú | 他的<br>tā de | | | 네 것은 그의 것만<br>못하다. |
| 今天去<br>Jīntiān qù | 不如<br>bùrú | 明天去<br>míngtiān qù | | | 오늘 가는 것이 내일<br>가는 것만 못하다. |
| 他的看法<br>Tā de kànfǎ | 不如<br>bùrú | 你的<br>(看法)<br>nǐ de<br>(kànfǎ) | (那么)<br>(nàme) | 好<br>hǎo | 그의 의견은 네 의견만<br>못하다. / 그의 의견은<br>네 의견만큼 (그렇게)<br>좋지 않다. |
| 我的衣服<br>Wǒ de yīfu | 不如<br>bùrú | 你的<br>(衣服)<br>nǐ de<br>(yīfu) | (那么)<br>(nàme) | 好<br>hǎo | 내 옷은 네 옷만<br>못하다. / 내 옷은<br>네 옷만큼 (그렇게)<br>좋지 않다. |

## 확인학습 8

>>> 다음 문장을 중국어로 옮기시오.

**1.** 이것은 저것과 같지 않다(다르다).

>>> _____

**2.** 네 것은 그의 것과 같지 않다(다르다).

>>> _____

**3.** 그는 나와 같지 않다(다르다).

>>> _____

**4.** 그의 의견은 네 의견과 같지 않다(다르다).

>>> _____

**5.** 내 옷은 네 옷과 같지 않다(다르다).

>>> _____

**6.** 이것은 그것만 못하다.

>>> _____

**7.** 네 것은 그의 것만 못하다.

>>> _____

**8.** 오늘 가는 것이 내일 가는 것만 못하다.

>>> _____

**9.** 그의 의견은 네 의견만 못하다. / 그의 의견은 네 의견만큼 (그렇게) 좋지 않다.

>>> _____

**10.** 내 옷은 네 옷만 못하다. / 내 옷은 네 옷만큼 (그렇게) 좋지 않다.

>>> _____

## 연습문제

**1.** 다음 문장을 해석하시오.

**1)** 这个比那个好。

》 _____

**2)** 你的比他的贵。

》 _____

**3)** 中国比韩国大。

》 _____

**4)** 今天比昨天冷。

》 _____

**5)** 他比我大。

》 _____

**6)** 我比他高。

》 _____

**7)** 这个比那个更好。

》 _____

**8)** 你的比他的更贵。

》 _____

**9)** 中国比韩国更大。

》 _____

**10)** 今天比昨天更冷。

》 _____

**11)** 他比我更大。

》 _____

**12)** 我比他更高。

》 _____

**13)** 这个不比那个好。

》 _____

**14)** 你的不比他的贵。

》 _____

**15)** 首尔不比北京暖和。

》 _____

**16)** 今天不比昨天冷。

》 _____

**17)** 他不比我大。

》 _____

**18)** 我不比他高。

》 _____

**19)** 这个比那个重一公斤。

》 _____

**20)** 你的比他的贵一元。

》 _____

**21)** 一班比二班多五个。

》 _____

22) 我比姐姐小四岁。

   》 _____

23) 我比他高一公分。

   》 _____

24) 这个比那个好一点儿。

   》 _____

25) 你的比他的贵一点儿。

   》 _____

26) 今天比昨天冷一点儿。

   》 _____

27) 中国比韩国大得多。

   》 _____

28) 他比我大得多。

   》 _____

29) 我比他高得多。

   》 _____

30) 那个有这个(这么)好。

   》 _____

31) 今天有昨天(那么)冷。

   》 _____

32) 这儿有那儿(那么)热。

   》 _____

33) 那个没有这个(这么)好。

   》 _____

**34)** 今天没有昨天(那么)冷。

》 _____

**35)** 这儿没有那儿(那么)热。

》 _____

**36)** 这个跟那个一样好。

》 _____

**37)** 你的跟他的一样贵。

》 _____

**38)** 他跟我一样大。

》 _____

**39)** 他的看法跟你的(看法)一样好。

》 _____

**40)** 我跟你一样喜欢看电影。

》 _____

**41)** 他跟我一样喜欢喝咖啡。

》 _____

**42)** 这个跟那个不一样。

》 _____

**43)** 你的跟他的不一样。

》 _____

**44)** 他跟我不一样。

》 _____

**45)** 他的看法跟你的(看法)不一样。

》 _____

**46)** 我的衣服跟你的(衣服)不一样。

　　》》_____

**47)** 这个不如那个。

　　》》_____

**48)** 你的不如他的。

　　》》_____

**49)** 今天去不如明天去。

　　》》_____

**50)** 他的看法不如你的(看法)(那么)好。

　　》》_____

**51)** 我的衣服不如你的(衣服)(那么)好。

　　》》_____


**2. 괄호 안의 단어를 선택해서 다음 문장을 중국어로 옮기시오.**

　**1)** 나는 그보다 키가 크다.

　　(我 / 他 / 高 / 比 / 大)

　　》》_____

　**2)** 이것은 저것만큼 좋지 않다.

　　(这个 / 比 / 那个 / 不 / 没有 / 好)

　　》》_____

　**3)** 이것은 저것보다 좋지 않다.

　　(这个 / 比 / 那个 / 不 / 没有 / 好)

　　》》_____

**4)** 이 옷이 저 옷보다 훨씬 예쁘다.

(这件衣服 / 比 / 那件 / 更 / 很 / 非常 / 还 / 漂亮)

》》 _____

**5)** 이 가게가 저 가게보다 2위엔 싸다.

(这家商店 / 那家商店 / 比 / 两块钱 / 便宜)

》》 _____

**6)** 남경이 서울보다 많이 덥다.

(南京 / 首尔 / 热 / 比 / 得 / 了 / 多)

》》 _____

**7)** 그녀는 나보다 일찍 잔다.

(她 / 比 / 我 / 早 / 睡 / 得)

》》 _____

**8)** 그는 축구를 그 누구보다도 잘한다.

(他 / 得 / 踢 / 谁 / 足球 / 比 / 好)

》》 _____

**9)** 내 것은 그의 것과 같다.

(我 / 的 / 一样 / 跟 / 他)

》》 _____

**10)** 아빠는 엄마와 마찬가지로 음악 듣는 것을 좋아한다.

(爸爸 / 跟 / 妈妈 / 听 / 一样 / 音乐 / 喜欢)

》》 _____

**11)** 중국 사람과 한국 사람은 다르다.

(中国人 / 韩国人 / 不 / 跟 / 一样)

》》 _____

**12)** 북경은 서울만큼 이렇게 번화하다.

(北京 / 首尔 / 像 / 有 / 这么 / 那么 / 热闹)

》》 _____

**13)** 서울은 남경만큼 그렇게 덥지 않다.

(首尔 / 没有 / 不 / 像 / 比 / 南京 / 这么 / 那么 / 热)

》》 _____

**14)** 지금의 상황은 예전만 못하다.

(现在的情况 / 不 / 如 / 像 / 没有 / 以前)

》》 _____

## 3. 다음 문장을 중국어로 옮기시오.

**1)** 듣기와 말하기는 똑같이 어렵다.

》》 _____

**2)** 그와 나는 달리는 것이 똑같이 빠르다. (달리는 속도가 같다)

》》 _____

**3)** 내가 만든 것은 샤오왕이 만든 것과 다르다.

》》 _____

**4)** 내 휴대폰은 그의 것과 똑같이 비싸다. (가격이 같다)

》》 _____

**5)** 샤오왕은 당신만큼 노래를 잘합니까?

》》 _____

**6)** 나는 그만 못하다.

》》 _____

**7)** 그는 나보다 더 노래 부르는 것을 좋아한다.

》 _____

**8)** 샤오왕 방이 내방보다 크지는 않다.

》 _____

**9)** 이 호텔은 그 호텔만큼 좋지 않다.

》 _____

**10)** 나는 샤오왕만큼 그렇게 뚱뚱하지 않다.

》 _____

부록

# 연습문제 답안

## 제1과 | 동작의 경험형

**1.** 생략

**2.**
1) 我看过这本书。
2) 去年我去过上海。
3) 他没有来过这儿。
4) 他没有生过病。
5) 你见过他没有?
6) 你去过南京没有?
7) 这种水果我吃过!
8) 杭州我去过!
9) 我来这儿买过东西。
10) 我坐火车去过旅游。
11) 我读过三遍这本小说。
12) 我见过她几次。
13) 我已经吃过了, 你吃吧。
14) 他已经来过这儿了。
15) 我还没(有)吃过(呢)。
16) 她还没(有)去过(呢)。

**3.**
1) 我喝过酒。
2) 他们看过两遍电影。
3) 我见过他一次。
4) 我学过西班牙语。
5) 去年我去过上海。
6) 我穿过这件衣服。
7) 他没(有)用过筷子。
8) 她没(有)滑过冰。
9) 你去过美国吗?
10) 你看过京剧没有?

## 제2과 | 동작의 완료형

**1.** 생략

**2.**
1) 他已经出发了。
2) 他已经死了。
3) 他们还没有出发。
4) 他们还没有结婚。
5) 你们放假了吗?
6) 你们买了没有?
7) 我喝茶了。
8) 她买衣服了。
9) 我读了这本书。
10) 她买了漂亮的衣服。
11) 她已经下班了。
12) 他们已经看病了。
13) 明年毕了业, 我要去中国。
14) 今天下了课, 我得洗衣服。
15) 她放了假, 就去旅游。
16) 她下了课, 就去见男朋友。

**3.**
1) 我看了那本小说。
2) 他等朋友了。
3) 他喝了一杯牛奶。
4) 她买了一双鞋(子)。
5) 她买了一辆车(子)。
6) 他买了爸爸的生日礼物。
7) 他送了一束花。
8) 老师上了两节课。
9) 他们吃了三顿饭。
10) 姐姐洗了两条裙子。

## 제3과 | 동작의 지속형

**1.** 생략

**2.**
1) 她笑着。
2) 我看着电影。
3) 书上写着我的名字。
4) 她没(有)睡着。
5) 桌子上没有放着东西。
6) 她卖着什么?
7) 窗户关着吗?
8) 他躺着看电视。
9) 我走着去学校。
10) 他笑着说话。

**3.**
1) 他写着信。
2) 妈妈做着饭。
3) 门开着。
4) 他在沙发上坐着。

5) 病人在床上躺着。
6) 墙上挂着地图吗?
7) 他们喝着可乐看电影。
8) 老师没(有)在讲台上站着。
9) 她穿着牛仔裤。
10) 我们坐着等他。

## 제4과 | 동작의 진행형

**1.** 생략

**2.** 1) 他们(正/在)看电视(呢)。
2) 她(正/在)做菜(呢)。
3) 他们(在)开会(呢)。
4) 孩子(在)喝牛奶(呢)。
5) 他在打电话吗?
6) 他(在)看什么(呢)?
7) 刚才(我)见他的时候, 他(在)洗衣服(呢)。
8) 昨天(我)去他家的时候, 孩子(在)哭(呢)。
9) 明年你再来的时候, 他一定会(在)教学生(呢)。
10) 后天她回家的时候, 她妈妈一定会(在)做菜(呢)。

**3.** 1) 他们(在)开会(呢)。
2) 爸爸(在)睡觉(呢)。
3) 大家都(在)等你(呢)。
4) 昨天上午十点他在看电影(呢)。
5) 姐姐没在看电视, 在看书(呢)。
6) 他们(在)谈话(呢)。
7) 她(在)跟朋友打电话(呢)。
8) 她来的时候, 我(在)换衣服(呢)。
9) 小王(在)跟李老师包饺子(呢)。
10) 外边(在)下雪(呢)。

## 제5과 | 결과보어

**1.** 생략

**2.** 1) 她考上了。
2) 他写对了。
3) 我写完信了。
4) 我要买的东西都买完了。

5) 我写的字他都看懂了。
6) 你不做完作业, 就不可以出去玩儿。
7) 你洗完衣服了吗?
8) 你吃完饭了没有?
9) 我学了, 可是没有学会。
10) 她考了, 可是没有考上。

**3.** 1) 我看(见)老师走进教室来了。
2) 自行车修(好)了。
3) 请大家记(住)我的名字。
4) 我学(会)游泳了。
5) 我办(完)了。
6) 我看(到)这儿了。
7) 她听(懂)韩语了。
8) 刚才找(到/着)孩子了。
9) 他们俩分(开)了。
10) 对不起, 我认(错)了。
11) 孩子扔(掉)了果皮。
12) 她今年考(上)大学了。
13) 我买(到/着)了那件衣服。
14) 他借(走)了我的车。
15) 你翻译(对)了。
16) 昨天的事我都看(清楚)了。
17) 自行车停(在)这儿吧。

**4.** 1) 他学会了骑自行车。
2) 他的电话号码我记住了。
3) 小王还没借到那本小说。
4) 她还没看完那本书。
5) 他找到了我的护照。
6) 我没说错过她的名字。
7) 今天你看见她了没有?
8) 我没听清楚, 请(你)再说一遍。
9) 我没写错过这个汉字。
10) 这部电影我没(有)看懂。

## 제6과 | 방향보어

**1.** 생략

**2.** 1) 他明天回去。

2) 老师进来。

3) 她进办公室去。

4) 学生们回家来。

5) 她拿词典来。

6) 我买西瓜去。

7) 他没有带书来。

8) 他们没有回家去。

9) 男朋友没有买礼物来。

10) 学生们都回宿舍去了。

11) 他们都买衣服来了。

12) 他拿杂志去了。

13) 她拿上去。

14) 她搬下去。

15) 孩子跑进洗手间来。

16) 他们搬进一张桌子来。

17) 老师走下来了。

18) 学生们跑上去了。

19) 妈妈走进厨房去了。

20) 他拿出护照来了。

21) 他没带进雨伞来。

22) 他们走进咖啡馆来了。

3. 1) 他想(出)一个好办法(来)了。

2) 她听到这个消息哭(起来)了。

3) 她又昏(过去)了。

4) 现在才明白(过来)了，他是对的。

5) 她脱(下)雨衣(来)了。

6) 她突然停(下来)了。

7) 你们谈(下去)吧。

8) 这个歌儿，听(起来)很好听。

9) 现在才想(起)他的名字(来)了。

10) 他看(出)原来的样子(来)了。

4. 1) 他们都上去了。

2) 你们快进去!

3) 他们要带照相机去。

4) 他进办公室去了。

5) 小王已经回北京去了。

6) 妈妈买来了一件毛衣。

7) 哥哥带来了一架照相机。

8) 他没(有)回宿舍去。

9) 你们都进屋里来吧。

10) 姐姐买来了一本词典。

11) 汉语很难学，不过我要学下去。

12) 这道菜看起来很好吃。

13) 他的行李已经寄回家去了。

14) 他走过去了。

15) 小王看见了一位老师走过来。

## 제7과 | 가능보어

1. 생략

2. 1) 你一定考得上。

2) 中国人都看得出来。

3) 这么多菜我们三个人吃不完。

4) 这个东西搬不上去。

5) 我听得懂汉语。

6) 她拿不出这个东西来。

　　她拿不出来这个东西。

7) 老师的演讲我听得清楚。

8) 你考得上吗?

9) 现在你回得来回不来?

10) 我忘不了她。

11) 一天以内干得过来。

12) 你一个人搬不动这个东西。

13) 我已经吃饱了，吃不下。

14) 这件衣服太贵，我买不起。

3. 1) 我去得了。

2) 他搬得动那张床。

3) 那么贵的东西，她买得起吗?

4) 日语我听不懂。

5) 你明天早上六点起得来吗?

6) 今天晚上你回得来吗?

7) 这张沙发很大，五个人(能)坐得下。

8) 他的办公室里放不下两张桌子。

9) 这么多东西你拿得动吗?

10) 这么多菜，我一个人怎么吃得了?

## 제8과 | 정도보어

**1.** 생략

**2.**
1) 时间过得很快。
2) 他讲得真快。
3) 她睡得不晚。
4) 她吃得不多。
5) 我来得晚吗?
6) 我说得对不对?
7) 你考得怎么样?
8) 她(写)汉字写得很好(看)。
　她的汉字写得很好(看)。
9) 她(做)菜做得很好。
　她的菜做得很好。
10) 排球他打得很好。
11) 他(说)汉语说得好不好?
12) 她(唱)歌唱得怎么样?
13) 这个贵得很。
14) 这辆车新(得)多(了)。
15) 天气冷极了。

**3.**
1) 他写得很清楚。
2) 他们玩儿得很开心。
3) 英语他说得很流利。
4) 姐姐买东西买得很多。
5) 她弹钢琴弹得很好。
6) 她跳舞跳得怎么样?
7) 她写字写得好吗?
8) 我们高兴得很。
9) 她吃得不多。
10) 他身体好多了。

## 제9과 | 시량보어

**1.** 생략

**2.**
1) 他们唱了两个小时。
2) 我等了一个星期了。
3) 我来中国三个星期了。
4) 他们没有吃两个小时。

5) 我们学汉语学了半年。
　我们学了半年(的)汉语。
6) 我们踢足球踢了三个小时。
　我们踢了三个小时(的)足球。
7) 我找了两个小时孩子。
8) 我们等了半个小时老师。
9) 火车开了一个小时了。
10) 小狗死了一个星期了。

**3.**
1) 姐姐练(习)了三个小时。
2) 他的钱包丢了一个月了。
3) 弟弟看电视看了一个晚上。
　弟弟看了一个晚上(的)电视。
4) 小王练太极拳练了三年。
　小王练了三年(的)太极拳。
5) 我们上午上汉语课上了四个小时。
　我们上午上了四个小时(的)汉语课。
6) 我们已经毕业两年了。
7) 我们回国两个月了。
8) 姐姐洗衣服洗了半天。
　姐姐洗了半天(的)衣服。
9) 今天我们开会开了三个小时。
　今天我们开了三个小时(的)会。
10) 王老师坐飞机坐了七个小时。
　王老师坐了七个小时(的)飞机。

## 제10과 | '把'자문

**1.** 생략

**2.**
1) 他把书丢了。
2) 他把旅游景点介绍介绍了。
3) 请把帽子脱下来。
4) 他把文章背出来了。
5) 他把门关上了。
6) 她把毛衣洗好了。
7) 我们已经把行李收好了。
8) 今天没能把书买到。
9) 你们应该把自行车停在这儿。
10) 你们一定要把语法学好。
11) 请你把桌子搬到这儿。

12) 请把你的护照号码写在这儿。

13) 我们把礼物送给老师了。

14) 我把汉语翻译成韩语了。

15) 我没(有)把它看做成功。

**3.** 1) 姐姐把夏天的衣服洗了。

2) 大家把这课课文念一念。

3) 请你们明天把中韩词典带来。

4) 他没把英文书寄给我。

5) 今天早上我把弟弟送到机场了。

6) 我想把这本书翻译成韩文。

7) 老师把从超市买来的水果给我了。

8) 我把这件事告诉他了。

9) 小王把教室打扫干净了。

10) 我今天没(有)把(雨)伞带来。

## 제11과 | '被'자문

**1.** 생략

**2.** 1) 眼镜被篮球打碎了。

2) 自行车被谁骑走了。

3) 词典让人借走了。

4) 头发被雨淋湿了。

5) 窗户被打碎了。

6) 你的计划一定会被实现的。

7) 学生们的请求没被老师接受。

8) 他还没被以前的同学忘记。

9) 你怎么会被他欺骗了?

10) 桌子上的报纸都被风吹走了。

**3.** 1) 我的词典被小王拿走了。

2) 我妹妹被狗咬了。

3) 他被出租车撞伤了。

4) 我的衣服被小王(给)弄脏了。

5) 杯子被(叫/让)弟弟(给)打碎了。

6) 她从来没(有)被(叫/让)爸爸打过。

7) 我的自行车刚被弟弟(给)骑走了。

8) 那辆汽车被他修好了。

9) 我被美丽的山水画吸引(住)了。

10) 门被风吹开了。

## 제12과 | 비교문

**1.** 생략

**2.** 1) 我比他高。

2) 这个没有那个好。

3) 这个不比那个好。

4) 这件衣服比那件(衣服)更漂亮。

5) 这家商店比那家商店便宜两块钱。

6) 南京比首尔热多了。
南京比首尔热得多。

7) 她比我睡得早。
她睡得比我早。

8) 他踢足球比谁踢得好。
他(踢)足球踢得比谁好。

9) 我的跟他的一样。

10) 爸爸跟妈妈一样喜欢听音乐。

11) 中国人跟韩国人不一样。

12) 北京有首尔这么热闹。

13) 首尔没有南京那么热。

14) 现在的情况不如以前。

**3.** 1) 听跟说一样难。

2) 他跟我跑得一样快。

3) 我做的跟小王做的不一样。

4) 我的手机跟他的一样贵。

5) 小王有你唱得好吗?

6) 我不如他。

7) 他比我更喜欢唱歌。

8) 小王的房间不比我的房间大。

9) 这家饭店不如那家饭店好。

10) 我没有小王那么胖。

저 자 약 력

## 서 희 명

- 복단대학 문학박사
- 現, 한양여자대학교 실무중국어과 교수

원포인트 **중급 중국어문법**

**초 판 인 쇄**    2019년 12월 21일
**초 판 발 행**    2019년 12월 29일

**저   자**    서 희 명
**발 행 인**    윤 석 현
**발 행 처**    제이앤씨
**책 임 편 집**    최 인 노
**등 록 번 호**    제7-220호

**우 편 주 소**    서울시 도봉구 우이천로 353
**대 표 전 화**    02) 992 / 3253
**전   송**    02) 991 / 1285
**홈 페 이 지**    http://jncbms.co.kr
**전 자 우 편**    jncbook@hanmail.net

ⓒ 서희명 2019 Printed in KOREA.

ISBN 979-11-5917-150-5    13720          정가 19,000원